Les 100 règles d'or du management

Première publication au Royaume-Uni en 2005 par Pearson EducationLimited, Edinburgh Gate, Harlow CM20 2JE, Royaume-Uni sous le titre *The Rules of Management ;* 2012 pour la présente édition.

Traduction française: Valérie Gaillar, avec la collaboration de Tina Calogirou pour la présente édition.

Avec la collaboration d'Isabelle de Jaham.

Richard Templar

Les 100 règles d'or du management

Un autre point de vue sur l'art de diriger

MARABOUT

Sommaire

Introduction

Le management est une étrange chose. Il est rare de se destiner à cette activité, et pourtant la plupart d'entre nous sont amenés à faire du management à un moment donné de notre vie professionnelle. Retournons à l'école et écoutons le dialogue suivant.

Le conseiller d'orientation professionnelle : « Qu'aimeriez-vous faire après le lycée ? »

Un jeune de 16 ans : « Je souhaiterais être manager. »

Avez-vous jamais formulé un tel vœu ? Non. Eh bien, moi non plus. Pourtant, aujourd'hui vous êtes manager comme moi.

On attend beaucoup d'un manager. Vous devez montrer que vous êtes fort, que vous êtes un leader et un novateur, un magicien (capable de faire apparaître au pied levé augmentations, ressources et personnels supplémentaires), un oncle/une tante bienveillant(e), une épaule sur laquelle s'épancher, une personne qui insuffle motivation et dynamisme, un juge sévère mais juste, un diplomate, un politicien, un génie de la finance (ce qui est très éloigné d'un magicien), un protecteur, un sauveur et un saint.

Vous êtes responsable d'un ensemble de personnes que vous n'avez probablement pas choisies, que vous pouvez ne pas aimer, avec lesquelles vous n'avez peut-être rien en commun et qui peut-être ne vous apprécient guère non plus. Vous devez amener toutes ces personnes à faire régulièrement leur travail chaque jour. Vous êtes également responsable de leur sécurité et de leur santé physique, émotionnelle et mentale. Vous devez vous assurer qu'elles ne souffrent pas ou ne font pas souffrir les autres. Vous devez faire en sorte qu'elles exercent leurs fonctions dans le respect des textes applicables à votre métier. Vous devez connaître vos droits, leurs droits, ceux de la société et ceux des syndicats.

Vous êtes responsable d'un ensemble de personnes que vous n'avez probablement pas choisies, que vous pouvez ne pas aimer, avec lesquelles vous n'avez peut-être rien en commun et qui peut-être ne vous apprécient pas non plus.

Et, en plus de tout cela, on s'attend à ce que vous fassiez également votre travail.

Ah, j'oubliais, vous devez aussi garder votre sang-froid : vous n'avez pas le droit de crier, de jeter des affaires à terre ou de favoriser certains de vos collaborateurs. Manager est vraiment une lourde tâche.

Vous êtes chargé de prendre soin d'une équipe et d'en tirer le meilleur. Une équipe dont les membres peuvent se conduire parfois comme des enfants – et vous ne pouvez pas les gifler[1] (ni même les renvoyer) – ou comme des adolescents irascibles ; ils arrivent en retard le matin parce qu'ils n'ont pas entendu leur réveil sonner ou ils ne viennent pas du tout ou, quand ils viennent, ils refusent

1. Oui, oui, je sais que vous ne pouvez pas non plus gifler les enfants. Je faisais juste une remarque. Merci de ne pas écrire pour vous plaindre.

d'accomplir la tâche qui leur est demandée, ils partent tôt le soir – vous voyez le tableau.

Comme vous, j'ai encadré des équipes (allant, dans mon cas, jusqu'à cent personnes). J'étais censé connaître le nom et toutes les petites manies de chacun – Heather ne peut pas travailler tard le mardi, parce qu'elle doit aller chercher sa fille à la garderie. Trevor ne distingue pas les couleurs, on ne peut donc pas l'utiliser sur le salon. Mandy fait la tête si elle doit répondre au téléphone pendant l'heure du déjeuner et nous fait perdre des clients. Chris est super au sein d'une équipe, mais est incapable de se motiver quand il travaille en solo. Ray boit et ne doit pas conduire pour se rendre à un rendez-vous.

En tant que manager, on s'attend entre autres à ce que vous fassiez tampon entre la direction et votre personnel.

En tant que manager, on s'attend également à ce que vous fassiez tampon entre la direction et votre personnel. Qu'une absurdité vienne d'en haut, vous devez a) la vendre à votre équipe, b) ne pas vous plaindre à voix haute ni rire et c) vous débrouiller pour que votre équipe fasse avec, alors que vous savez pertinemment que ce qu'on vous demande n'a pas de sens.

Vous devez aussi justifier la politique « pas d'augmentation salariale cette année », alors qu'elle démotive complètement votre équipe. Vous ne devez pas révéler ce que vous avez appris au sujet des prises de contrôle, fusions, acquisitions, transactions secrètes, rachats d'entreprise par ses dirigeants et autres opérations, malgré les rumeurs qui circulent et les questions que vous posent constamment vos collaborateurs.

Vous êtes non seulement responsable des hommes, mais aussi des budgets, de la discipline, de la communication, de l'efficacité, des questions juridiques, des questions syndicales, des questions d'hygiène et de sécurité, des questions relatives au personnel, des retraites, des compensations en cas de maladie, des congés maternité, des congés parentaux, des congés divers, des pauses, des feuilles de présence, des collectes et des cadeaux de départ, des tours de service du personnel, des normes du métier, des exercices d'alerte incendie, des premiers secours, de la climatisation, du chauffage, de la plomberie, des places de stationnement, de l'éclairage, des fournitures, des ressources, du thé et du café, sans parler des clients, bien sûr.

Et vous devez vous battre avec d'autres services, d'autres équipes, les clients, les grands chefs, le management senior, le conseil d'administration, les actionnaires et le service comptable (sauf, bien sûr, si vous êtes le chef de ce service).

De plus, on s'attend à ce que vous établissiez des normes en montrant l'exemple. Autrement dit, vous devez être à l'heure, vous montrer franc, être élégamment habillé, dur à la tache, assidu, vous devez partir tard, arriver tôt, rester neutre, être responsable, bienveillant, connaître votre métier et être un jongleur irréprochable. Lourde tâche.

Vous devez également accepter qu'on se moque de vous en tant que manager, qu'on vous dépeigne comme un rond-de-cuir obstructionniste et manipulateur et, peut-être même, que votre personnel, vos actionnaires et/ou le public vous jugent inefficace, voire inutile[1].

---

1. Si l'idée de devenir un manager commence à vous déprimer, ne vous laissez pas attrister. Les managers sont de ceux qui dirigent le monde. Nous sommes amenés à conduire, inspirer, motiver, guider, modeler le futur. Nous sommes amenés à contribuer de manière réelle et positive

Et dire que vous vouliez simplement faire votre travail… Il existe heureusement quelques trucs et astuces pour vous diriger dans cette jungle en arborant un air détendu, marquer des points et vous en sortir très bien. Ce sont les 100 règles d'or du management. Ces règles sont non écrites, non dites et non reconnues. Gardez-les pour vous si vous souhaitez conserver une longueur d'avance.

Et dire que vous vouliez simplement faire votre travail…

Le management est un art et une science. Des manuels de milliers de pages s'y consacrent. Il existe une quantité innombrable de formations (vous avez probablement participé à certaines d'entre elles). Toutefois, aucun livre, ni aucune formation ne comprennent les diverses règles « non écrites » qui feront de vous un manager compétent et efficace. Peu importe que vous soyez responsable de seulement une ou deux personnes ou de plusieurs milliers : les règles sont les mêmes.

Vous connaissez probablement déjà tout ce qui est écrit dans cet ouvrage ou si vous découvrez une information nouvelle, vous vous direz en le lisant : « Mais c'est vraiment évident. » Oui, tout ce que vous allez lire est vraiment évident lorsque vous y réfléchissez vraiment. Mais le rythme de vie effréné auquel vous vivez vous a peut-être empêché de réfléchir à tout cela récemment et encore moins de le mettre en pratique.

à l'état du monde. Nous ne sommes pas seulement amenés à faire partie de la solution, mais à fournir la solution. Nous sommes tout à la fois le shérif, le capitaine de gendarmerie et le gendarme. Nous sommes le moteur et le capitaine. Tout bien considéré, c'est un grand rôle et nous devrions y prendre plaisir – mais un rôle pas toujours facile à tenir.

C'est très facile de dire « Mais je sais déjà cela ». Oui, la personne intelligente que vous êtes le sait probablement, mais à chaque fois que vous lirez une règle, demandez-vous honnêtement : « Est-ce que je la mets en pratique? Est-ce que je m'y tiens? Est-ce que je considère cette règle comme une norme lorsque je l'utilise? » êtes-vous certain de tout cela?

J'ai regroupé ces règles en deux sections :

- Encadrez votre équipe.
- Gérez-vous vous-même.

La marche à suivre est à mon avis relativement simple. Les règles que vous allez lire ne sont pas classées par ordre d'importance : les premières n'ont pas plus de poids que les dernières, et inversement. Lisez toutes les règles, puis mettez-les en œuvre, en commençant par celles qui vous paraissent les plus faciles. Un grand nombre de ces règles sont liées, de sorte que vous pourrez, inconsciemment, commencer à les appliquer de manière simultanée. Bientôt, vous donnerez l'image de quelqu'un de calme et détendu, confiant et capable de s'affirmer, responsable, maître de la situation et à même de gérer avec brio toutes les situations. Beau progrès si on considère qu'il n'y a pas si longtemps vous étiez cloué à votre bureau, le nez dans le guidon, les oreilles aux aguets et le dos au mur. Bien joué.

Avant de commencer, prenons un peu de temps pour déterminer ce que signifie exactement le mot « management ». En effet, la définition n'est pas simple. À mon avis, nous sommes tous des managers – que nous soyons parents, travailleurs indépendants, entrepreneurs, employés ou héritiers d'une grande fortune. Nous sommes tous amenés à gérer et à diriger. Parfois, il s'agit seulement de se gérer soi-même, mais, même dans ce cas, nous devons pour faire face utiliser du mieux possible les ressources disponibles, motiver, planifier, traiter, faciliter, surveiller, mesurer la réussite, établir des normes, budgéter, mettre en œuvre et travailler. Certains, simplement, accomplissent tout cela avec de plus grosses équipes que d'autres. Mais le socle fondamental est identique, quel que soit le nombre de personnes à gérer.

à l'école de commerce de Harvard, le manager est défini comme celui qui « obtient des résultats par l'intermédiaire d'autres personnes ». Selon le grand conseiller en management, Peter Drucker, un manager est une personne dont la responsabilité est de planifier, mettre en œuvre et contrôler ; alors que pour l'Institut australien de management, un manager est une personne qui « planifie, mène, organise, délègue, contrôle, évalue et budgétise, afin de parvenir à un résultat ». Je suis d'accord avec toutes ces définitions.

La définition peut devenir verbeuse et complexe.

Ainsi, selon le Leadership Network (Californie), manager est un employé, appartenant à l'équipe de direction d'une organisation, responsable de l'exercice de l'autorité déléguée sur la gestion humaine, financière et matérielle, pour accomplir les objectifs de l'organisation. Les managers sont en charge de la gestion des ressources humaines, de la communication, du respect et de la promotion des valeurs sociales, de l'éthique et de la culture de l'organisation, et de conduire et gérer le changement au sein de l'organisation.

Très bien. Nous sommes tous des managers, quelle que soit la façon dont cela se traduit, et nous devons tous nous atteler au travail de management. Tout ce qui peut nous simplifier la vie peut nous aider. Voici les règles du management ; elles toutes simples et n'ont rien de tordu ni de sournois. En réalité, elles sont toutes vraiment évidentes. Mais si vous réfléchissez soigneusement à chacune d'elles et les appliquez toutes sans faillir, vous serez surpris des changements qu'elles apporteront dans votre travail et dans votre vie.

Peut-être connaissez-vous déjà tout ce qu'il y a dans cet ouvrage, mais la question est de savoir si vous le mettez en pratique ? Le présent ouvrage vous poussera à faire ce que vous savez déjà.

Allons-y…

1.
Encadrez votre équipe

Nous devons tous travailler les uns avec les autres... qu'on se réfère à eux de manière vague en parlant d'équipe, de service, de groupe, d'équipage, voire même de petite troupe. Peu importent les termes. L'erreur de beaucoup de managers est de ne pas comprendre qu'ils gèrent des hommes. Ils voient les gens comme des outils, de la marchandise en stock. En théorie, la réussite d'un manager repose sur sa capacité à faire réussir les hommes.

Laissez-les faire, vous verrez que les hommes peuvent se gérer eux-mêmes.

Malheureusement, tout cela relève du mythe et nous verrons que le véritable rôle du manager est de gérer des processus, plutôt que des hommes. Si vous les laissez faire, les hommes peuvent se gérer eux-mêmes. Vous devez concentrer vos efforts sur le véritable rôle du management : la stratégie. L'équipe n'est rien d'autre qu'un moyen d'accomplir cette fin. Si tous vos hommes pouvaient être remplacés par des machines – et nombreux sont les managers qui ont imploré le ciel pour que cela soit le cas – vous auriez toujours besoin d'une stratégie et auriez besoin de gérer le processus de production.

Vous devez concentrer vos efforts sur le véritable rôle du management : la stratégie.

Dans l'hypothèse où les hommes auraient disparu et auraient été remplacés par des automates, le véritable travail serait toujours là. Un bon manager gère le changement : le processus, la stratégie, l'avancée et le dosage de ces éléments. Pour tout cela, il peut avoir besoin de ses hommes ou pas. Un bon manager ne peut pas ignorer les hommes, bien entendu, mais il doit les laisser s'autogérer autant que possible.

Bien entendu, en tant que managers, nous devons travailler avec des hommes en chair et en os et nous devons savoir ce qui les motive, comment ils pensent et ce qu'ils ressentent, pourquoi ils viennent au bureau, pourquoi ils donnent le meilleur (ou le pire) d'eux, ce qu'ils craignent, ce qu'ils espèrent et de quoi ils rêvent. Nous devrons les encourager, les préparer, leur donner les moyens de travailler et de se gérer, surveiller la façon dont ils accomplissent leurs tâches et leur établir une stratégie. Nous nous ferons du souci pour eux, nous ferons attention pour eux, nous nous tiendrons à leurs côtés et leur apporterons notre soutien. Mais nous ne les gérerons pas. Nous les laisserons se gérer et nous concentrerons nos efforts sur notre vrai rôle de manager.

Vous encadrez des personnes, des personnes payées pour faire leur travail. Mais vous n'obtiendrez jamais qu'elles fassent de leur

RÈGLE 1

Faites en sorte que vos collaborateurs s'impliquent au niveau émotionnel

mieux si « ce n'est qu'un boulot » pour elles. Si elles arrivent au bureau en regardant l'horloge, guettent l'heure de départ et en font le moins possible entre les deux, vous êtes voué à l'échec, mon cher. En revanche, si elles viennent au travail pour passer un bon moment, si elles sont désireuses de se donner à fond, d'être stimulées, si vous les motivez et leur permettez de s'impliquer, alors vos chances d'obtenir le meilleur d'elles sont grandes. En réalité, il ne tient qu'à vous d'avoir un groupe de bêtes de somme ou une excellente équipe. Vous devez motiver vos collaborateurs, les guider, leur donner des défis, les impliquer au plan émotionnel.

Pas de problème. Vous aimez vous-même les défis, n'est-ce pas? Bonne nouvelle: il est facile de faire en sorte qu'une équipe s'implique au plan émotionnel. Il vous suffit de vous débrouiller pour que les gens se soucient de ce qu'ils font. Et cela aussi est facile. Faites en sorte que les membres de votre équipe comprennent la pertinence de ce qu'ils font, de quelle manière leur travail influe sur la vie des autres, comment ils répondent aux besoins d'autres êtres humains, de quelle manière ce qu'ils font au travail atteint des personnes. Agissez de manière qu'ils soient convaincus – parce que, bien sûr, c'est la vérité – que ce qu'ils font a un impact, que leur travail contribue au bien de la société autrement qu'en remplissant les poches du propriétaire et des actionnaires ou qu'en permettant au président de recevoir un gros chèque de fin de mois.

Faites en sorte que vos collaborateurs soient convaincus - parce que, bien sûr, c'est la vérité - que ce qu'ils font a un impact.

Oui, je sais bien qu'il est plus facile d'expliquer cette contribution si vous encadrez des infirmières plutôt qu'une équipe de commerciaux vendant des espaces publicitaires, mais, en y réfléchissant bien, vous pouvez trouver de la valeur à n'importe quelle fonction et insuffler de la fierté à la personne en charge de n'importe quel travail. Vous voulez des preuves? D'accord. Eh bien, les vendeurs d'espaces publicitaires aident d'autres sociétés, parfois très petites, à atteindre leur marché. Ils font prendre conscience, aux clients potentiels, de leurs désirs et de leurs réels besoins de certains produits. Ils permettent aux journaux, aux magazines d'exister puisque ces derniers vivent grâce aux recettes publicitaires, et ces journaux et ces magazines informent ou divertissent les gens qui les achètent (autrement ils ne les achèteraient pas, n'est-ce pas?).

Amenez les gens à se soucier de ce qu'ils font, et c'est facile à faire. Regardez, c'est une évidence. Tout le monde, vraiment tout le monde, souhaite être valorisé et servir à quelque chose. Les cyniques diront que c'est une bêtise, mais c'est la vérité, la vérité pure. Il vous suffit d'étudier suffisamment un poste pour voir combien l'attention, le sens de ce que l'on fait, le désir de bien faire, la responsabilité et l'implication sont présents. Faites remonter toutes ces informations et vos collaborateurs vous suivront pour toujours, sans même réaliser pourquoi.

Oh, assurez-vous d'être vous-même convaincu avant d'essayer cette politique avec votre équipe. Croyez-vous vous-même que ce que vous faites a un impact positif? Si vous n'en êtes pas sûr, regardez attentivement, vraiment attentivement, et trouvez un moyen de vous intéresser à ce que vous faites…

RÈGLE 2

Sachez ce qu'est une équipe et comment elle fonctionne

Qu'est-ce qu'une équipe et comment fonctionne-t-elle? Vous devez connaître la réponse à ces questions pour devenir un manager couronné de succès.

Une équipe n'est pas un ensemble de personnes. C'est une organisation, avec sa propre dynamique, ses qualités et ses règles. Vous êtes mal parti si vous ne connaissez pas celles-ci. En revanche, leur connaissance vous permettra de façonner votre équipe pour qu'elle réalise des exploits.

Il existe, dans chaque équipe, des personnes très différentes et chacune pousse dans des directions opposées, avec plus ou moins de force. Certaines font plus de bruit que d'autres, si vous voyez ce que je veux dire. D'autres se contentent de pousser en arrière-plan. Certaines semblent ne rien faire, mais leurs idées sont précieuses.

Si vous ne vous êtes jamais auparavant penché sur les dynamiques d'équipe, je ne saurais trop vous conseiller de lire *Management teams: why they succeed or fail* de Meredith Belbin[1]. (Si c'est déjà le cas, passez directement à la règle suivante.) Ce livre est conçu

---

1. Butterworth-Heinemann, 2e édition 2003.

pour des managers ayant à cœur d'avoir des résultats en obtenant le meilleur de leurs hommes clés. Je vais paraphraser R. Meredith Belbin, mais je vous exhorte à suivre ce qu'il préconise.

Selon R. Meredith Belbin, il existe neuf rôles dans une équipe et chacun d'entre nous remplit une ou plusieurs des fonctions qu'il décrit. S'il est amusant d'identifier son propre rôle, il est beaucoup plus utile d'identifier ceux que tiennent les différents membres de votre équipe et de mettre à profit ces informations.

Les neufs rôles en équipe sont les suivants.

- Les **concepteurs** : ce sont des penseurs originaux ; ils émettent de nouvelles idées ; ils apportent des solutions aux problèmes ; ils pensent de manière radicalement différente, de manière latérale, avec imagination.
- Les **promoteurs** : ils sont créatifs ; ils aiment prendre des idées et les développer ; ils sont extravertis et populaires.
- Les **coordinateurs** : ce sont des gens très méthodiques, qui sont maîtres d'eux-mêmes ; ils savent se concentrer sur des objectifs ; ils unifient une équipe.
- Les **propulseurs** : ce sont des gens focalisés sur la réussite ; ils aiment être stimulés et obtenir des résultats.
- Les **priseurs** : ils analysent, équilibrent et soupèsent ; ce sont des gens calmes et neutres ; ils pensent de manière objective.
- Les **soutiens** : ils apportent leur soutien et sont coopératifs ; ils font de bons diplomates car ils souhaitent le bien de l'équipe.
- Les **organisateurs** : ils possèdent un sens de l'organisation développé ; ils font preuve de bon sens ; ils aiment faire en sorte que le travail soit fait.

- Les **perfectionneurs** : ils vérifient les détails ; ils rangent derrière eux ; ils sont minutieusement consciencieux.
- Les **experts** : ils se consacrent à acquérir des compétences spécialisées ; ils sont extrêmement professionnels ; ils font preuve d'énergie et de dévouement.

Maintenant vous savez quel genre de personnes vous pouvez avoir dans votre équipe. Alors qu'est-ce qu'une équipe, exactement, et comment allez-vous rendre la vôtre plus efficace ? Je vous conseille une fois encore de lire Belbin et de comprendre qu'une équipe est un groupe dont les membres se focalisent sur une cible collective. Une équipe ne fonctionne pas lorsque chacun de ses membres n'a en tête que ses propres objectifs – que ce soit d'arriver au bout de la journée, sa progression individuelle, comment monter un coup contre son patron (autrement dit vous), comment se servir du bureau comme d'un club de rencontres, etc.

Une équipe ne fonctionne pas lorsque chacun de ses membres n'a en tête que ses propres objectifs.

Vous saurez que vous avez une équipe lorsque vous entendrez « nous » plus souvent que « je » et « moi ».

Vous saurez que vous avez une équipe lorsque des décisions difficiles deviennent faciles parce que quelqu'un dit : « Ça va aller, nous sommes tous dans le même bateau. »

Vous saurez que vous avez une équipe lorsque votre équipe vous dira qu'elle forme une équipe.

RÈGLE 3

Fixez des objectifs réalistes… et vraiment réalistes !

À l'occasion de mes recherches pour ce livre, quelqu'un a mentionné qu'il était irréaliste d'établir des objectifs réalistes et que tout objectif devait être exagéré afin d'impressionner le conseil d'administration. Est-ce que vous voyez pourquoi ce type de raisonnement pose un problème? Eh oui, la personne que j'ai citée ne parle pas de motivation d'équipe, de réalisation du travail, de création d'un climat de réussite et de créativité mais a pour but d'impressionner le conseil d'administration. En théorie, cela pourrait être malin si votre conseil d'administration était constitué de singes, mais je parie que ce n'est pas le cas. Je suis sûr qu'il est composé d'hommes astucieux qui vous verraient venir en une nanoseconde.

Quand je dis qu'il faut fixer des objectifs réalistes, je ne veux pas dire que ceux-ci doivent être bas ou faciles à atteindre. Fixer des objectifs réalistes peut signifier que cela sera pénible, qu'il faudra vous battre, que votre équipe devra redoubler d'efforts, travailler plus dur, plus longtemps et se montrer plus brillante. Et fixer des objectifs réalistes signifie aussi qu'ils sont réalisables, à votre portée même si cela implique que vous devrez peut-être en demander beaucoup.

Fixer des objectifs réalistes signifie que vous savez ce dont votre équipe est capable et ce que vos patrons en attendent. D'une manière ou d'une autre, vous devrez réconcilier les deux pour que tout le monde soit content. Vous ne pouvez pas tuer votre équipe en lui mettant une pression trop grande, ni laisser croire à vos patrons que vous êtes laxiste ou peu exigeant.

Si vos patrons insistent pour fixer des objectifs irréalistes, vous devez le leur faire savoir. Ne vous mettez pas en colère et ne tergiversez pas ; faites-le leur savoir. Demandez-leur comment ils pensent que les objectifs pourraient être réalisables. Dites-leur qu'ils sont irréalistes. Soyez très bien préparé, défendez le fait que les objectifs sont irréalistes et demandez-leur de nouveau comment ils estiment qu'ils pourraient être atteints. Proposez des objectifs réalistes, en vous appuyant sur des faits et des chiffres. Continuez de faire remonter le problème à vos patrons et de leur demander des éclaircissements. Tôt ou tard, ils seront obligés de fixer des objectifs plus réalistes ou devront exiger que vous accomplissiez l'impossible. Dans les deux cas, le problème n'est plus le vôtre. S'ils vous fixent des objectifs réalistes, il ne vous reste qu'à les atteindre (vous savez que vous en êtes capable). S'ils exigent des objectifs irréalistes, vous êtes également irréprochable ; lorsque vous n'arriverez pas à atteindre l'impossible, vous serez en mesure de leur expliquer qu'à l'époque vous aviez exprimé vos protestations et leur aviez soumis vos arguments.

Rapportez les problèmes que vous rencontrez à vos supérieurs, et demandez-leur des éclaircissements.

RÈGLE 4

Tenez des réunions utiles…

Nous avons tous connu les réunions qui s'éternisent, les gens qui parlent pour ne rien dire, les ordres du jour griffonnés au dos d'une enveloppe ou improvisés au dernier moment, les points à examiner énoncés à la dernière minute, le manque d'information, les délais trop courts.

En tant que manager, vous serez amené à tenir des réunions. Faites en sorte qu'elles soient utiles.

Décidez au préalable de l'objectif de la réunion et assurez-vous qu'il soit atteint.

Au fond, les réunions n'ont que quatre objets :

- créer et souder une équipe ;
- communiquer des informations ;
- réfléchir (et prendre des décisions) ;
- rassembler des informations (et prendre des décisions).

Certaines réunions peuvent couvrir un ou plusieurs de ces objets, mais vous devez en avoir conscience et inclure ceux-ci dans vos objectifs. Si votre réunion a pour but de diffuser des informations, alors faites-le et arrêtez la réunion une fois que c'est fait. Si vous souhaitez parler des informations que vous avez besoin d'obtenir, il s'agit d'un autre type de réunion et ses objectifs sont différents. Ayez conscience que certaines réunions ont pour objet de permettre aux membres de votre équipe de se rencontrer, de créer des liens, de savoir ce que les autres font et de vous voir dans votre véritable rôle de chef d'équipe.

Si vous voulez que vos réunions servent à quelque chose, alors restez-en clairement le maître – pas de démagogie. Vous êtes le manager et vous êtes le responsable ; point final. Pour que vos réunions soient utiles, ne laissez personne raconter ses souvenirs, parler pour ne rien dire, monopoliser la parole ou refuser de se taire. Faites avancer les choses et laissez vos collaborateurs partir aussi vite que vous le pouvez.

Ne demandez jamais s'il y a « d'autres points à examiner ». S'ils sont importants, ils devraient figurer à l'ordre du jour. S'ils ne le sont pas, ils n'ont rien à faire là. Les « autres points à examiner » ont invariablement pour objet de permettre à quelqu'un de chercher à obtenir sournoisement un avantage sur quelqu'un d'autre. Ne permettez jamais ce type de dérive.

RÈGLE 5

... Et vraiment utiles !

Tenez toutes vos réunions en fin de journée plutôt qu'en début. Le soir, les gens ont envie de rentrer chez eux, ce qui permet de limiter la durée des réunions alors qu'en début de journée, ils ont le temps de digresser et de discuter hors sujet. À moins, bien sûr, que votre réunion ait pour objet de créer des liens ; vous pouvez, alors, allégrement la tenir en début de journée.

Voyez combien de réunions vous pouvez tenir en utilisant les emails, le téléphone ou le face-à-face (n'invitez personne qui ne serait absolument indispensable).

Commencez vos réunions à l'heure. N'attendez jamais personne. Ne revenez jamais en arrière pour informer les retardataires. S'ils ont manqué quelque chose de vital, ils pourront l'obtenir auprès des autres après la réunion et cela leur apprendra à être à l'heure la prochaine fois. Je vous livre une bonne astuce : ne faites jamais commencer vos réunions à l'heure ronde, fixez 15 heures 10 plutôt que 15 heures. Vous verrez que les gens sont toujours plus ponctuels si vous fixez une heure inhabituelle. Essayez 15 heures 35 si vous souhaitez être vraiment loufoque.

Commencez vos réunions à l'heure. N'attendez jamais personne.

Fixez la date de vos réunions suffisamment à l'avance – mais pas trop en avance – afin qu'aucun participant ne puisse se prévaloir d'un autre engagement. Confirmez la réunion un jour à l'avance auprès de chacun pour vous assurer que tout le monde s'en souviendra et pourra venir.

Choisissez la personne qui doit faire le compte-rendu de réunion – et assurez-vous qu'elle le fasse selon vos goûts. Vous n'avez pas besoin de vous montrer autoritaire ou agressif mais simplement ferme, amical et entièrement maître de la situation.

Veillez à ce que chaque point figurant à l'ordre du jour donne lieu à un plan d'actions – sans plan d'actions, une réunion se résume à un bavardage stérile – ou à une décision, bien sûr.

Si les réunions comptent trop de participants – plus de six personnes –, divisez-les en comités et faites en sorte que les comités vous rendent compte.

Enfin, voici la chose la plus importante à vous rappeler (gravez-la en lettres d'or) : toute réunion doit avoir un objectif précis. Vous devez être en mesure de dire, en fin de réunion, si cet objectif a ou non été atteint. Oh… et puis prévoyez à toutes vos réunions des chaises inconfortables (ou laissez les participants rester debout) – cela accélère considérablement les choses.

RÈGLE 6

Faites en sorte qu'on s'amuse aux réunions

J'imagine qu'en gravissant les échelons menant au prestigieux poste que vous occupez aujourd'hui, vous avez dû participer à nombre de réunions interminables et mortellement ennuyeuses. Eh bien, je pense qu'il est temps de mettre fin à cette manière de faire et je compte sur vous.

Il faut arrêter de tenir les réunions à l'ancienne, et vous êtes justement la personne qu'il faut pour cela.

Tenez des réunions où l'on s'amuse. Je me souviens d'une astuce que j'avais lue quelque part. En gros, vous étiez censé donner cinq pièces à chacun des participants à la réunion, lesquels devaient payer un centime chaque fois qu'ils voulaient parler. Lorsqu'ils avaient utilisé toutes leurs pièces, c'était fini, ils ne pouvaient plus rien dire. Cette astuce était censée obliger les gens à faire vraiment attention à ce qu'ils disaient; ils ne pouvaient se permettre de dépenser leurs pièces pour dire des fadaises. Amusant? à voir. Vous vous feriez une belle réputation de « con » et/ou de chef de réunion inefficace si vous procédiez de la sorte. Les propositions suivantes me paraissent également inappropriées si vous souhaitez gérer avec humour vos réunions de travail.

- Porter des habits sophistiqués.
- Prévoir de la nourriture et/ou des boissons (à moins que cela ne soit l'heure du déjeuner, auquel cas manger devient fonctionnel, et non amusant ; ou si vous emmenez votre équipe au restaurant ou au bar, alors il ne s'agit plus de réunion mais de créer des liens – ou, bien sûr, si vous souhaitez remercier votre équipe : voir la règle 17).
- Organiser des jeux, interrogations ou concours de toutes sortes.
- Placer de petites surprises, comme des chocolats, sous les chaises.
- Avoir un « bâton de parole » (ne me demandez pas d'expliquer en détail ce truc californien New Age).
- Avoir les yeux bandés.
- Laisser la personne la plus junior présider la réunion.

Tout cela tournera droit à la farce et vous mènera au désastre. N'utilisez aucun des procédés ci-dessus.

Alors comment pouvez-vous agrémenter les choses sans ressembler à un gentil organisateur? Eh bien, pour commencer, « amusant » ne veut pas nécessairement dire « bête » ou « stupide » ou « pas drôle ».

Une réunion où on s'amuse signifie une réunion légère où les participants peuvent être eux-mêmes et apporter leur contribution, partager des choses qui les ont fait rire, sans que vous, le patron, sourcilliez. Cela consiste à laisser les gens raconter des histoires ou des anecdotes qui détendent l'atmosphère (il suffit de savoir quand dire : « Bien, au travail maintenant »). Une réunion où on s'amuse signifie que vous êtes suffisamment flexible pour être ouvert à d'autres suggestions sur le lieu et le mode de réunion. Peut-être y a-t-il une grande salle du conseil au sein de votre organisation : pourriez-vous vous y réunir ? Pourriez-vous tenir une réunion à l'extérieur s'il fait beau ?

Le manager sûr de lui – autrement dit, vous – peut se montrer souple, parce qu'il est détendu, calme et confiant. Le manager étouffant a peur, parce qu'il se sent mal dans sa peau et adopte une approche rigide pour pallier son manque de confiance en soi.

RÈGLE 7

Rendez votre équipe meilleure que vous

Un excellent manager – oui, c'est encore de vous que je parle – sait que, lorsque son équipe grimpe et s'envole, il progresse également. Faire grimper son équipe demande du courage, du cran, de la détermination et une passion débordante. Vous devez rendre les membres de votre équipe meilleurs que vous, ce qui signifie leur faire confiance, obtenir pour eux les meilleures ressources, les former à vous remplacer, avoir confiance en eux pour ne pas redouter qu'ils vous plantent un poignard dans le dos lorsqu'ils prendront votre suite et avoir suffisamment confiance en vos propres capacités pour ne pas devenir jaloux lorsqu'ils décollent pour de bon. Lourde tâche.

Pour parvenir à mettre tout cela en œuvre, vous devez être bigrement détendu et solidement ancré dans votre position. Bien franchement, il faut des tripes pour encourager ses collaborateurs à se donner. Jetons un coup d'œil à votre équipe. De qui est-elle composée? Quels sont ceux qui, un jour, vous succéderont? Que pouvez-vous partager avec eux pour les pousser à se donner?

Lorsque vous avez constitué une équipe qui fonctionne bien, les gens prennent l'habitude que ce soit vous, et vous seul, leur manager.

Vous souhaitez faire grandir vos futurs successeurs? Vous devez d'abord les identifier; c'est facile: ce sont les hommes intelligents, les personnes enthousiastes, ceux qui en veulent. J'ai eu un jour un jeune assistant si malin que cela m'effrayait. Lorsque je suis monté en grade, il m'a succédé. Et il m'a suivi plusieurs fois, toujours à un échelon inférieur au mien. Bizarrement, il était à bien des égards meilleur que moi, mais il n'a jamais tout risqué pour me dépasser. Je ne pense pas qu'il l'ait fait par respect – l'industrie dans laquelle je travaillais était un repaire de « tueurs » sans états d'âme. Non, il est resté en dessous de moi par habitude. Lorsque vous avez constitué une bonne équipe, vos collaborateurs prennent l'habitude que vous soyez leur manager, se sentent à l'aise avec cet état de fait et ne se mutinent pas ou ne cherchent pas à vous doubler. Les équipes ne se révoltent contre leur chef que lorsqu'elles lui en veulent ou se méfient de lui. Alors poussez les gens, formez-les et rendez-les meilleurs.

RÈGLE 8

Ayez conscience de votre importance

La personne la plus importante de votre équipe, c'est vous. Mieux vaut le savoir. Non pas que vous soyez plus intelligent, ou plus expérimenté, ou plus indispensable, ou plus quoi que soit d'autre susceptible de faire enfler vos chevilles. Non. Vous êtes la personne la plus importante parce que c'est de vous que s'inspireront tous les autres. C'est vous qui donnez le ton.

Si vous faites des coups bas, donnez des coups de poignard dans le dos, craignez que les membres de l'équipe se débrouillent mieux que vous, espionnez vos collaborateurs, tentez de les empêcher de vous faire de l'ombre, multipliez les entorses à l'éthique, êtes irrespectueux ou autre comportement de cet acabit, vous ne serez pas un excellent manager. Et les membres de votre équipe seront tellement occupés à regarder par-dessus leur épaule pour s'assurer que vous n'êtes pas derrière eux qu'ils ne seront pas performants, et que votre équipe ne brillera pas.

Peut-être ne faites-vous rien de tout cela. C'est formidable, j'en suis ravi. Toutefois, cela ne servira pas à grand-chose si vous pleurnichez, si vous vous plaignez de votre hiérarchie ou des clients, si vous voyez tout en noir, si vous êtes réfractaire au changement, si le but de votre semaine est d'arriver au vendredi après-midi, si vous choisissez systématiquement les solutions de facilité et si vous rechignez à travailler dur – votre équipe calquera son attitude sur la vôtre.

Pour être un manager formidable, placez la barre très haut, faites-vous entendre, soyez celui que vous aimeriez que les membres de votre équipe soient.

Votre équipe est comme un ban de poissons, ou un troupeau de moutons, ou n'importe quoi d'autre qui se déplace en groupe. Quand l'un d'eux va quelque part, tous les autres partent dans la même direction. Celui que les autres vont suivre, c'est vous. Si vous brillez, tous les autres brilleront. Si vous échouez, tous les autres échoueront. À cause de vous. Plutôt angoissant, non?

Mais tout va bien se passer. Parce que vous saurez être ce manager extraordinaire dont ils ont besoin pour les encadrer. Et là, ils formeront une équipe formidable, composée de gens formidables. Non seulement vous réussirez, mais vous ferez réussir ceux qui vous entourent. Vous aborderez chaque tâche avec enthousiasme, en vous fondant sur des analyses sérieuses et des stratégies de bon sens. Vous traiterez ceux qui vous entourent justement et vous encouragerez tout le monde, vous obtiendrez des résultats dépassant ce que vous aviez promis, et vous créerez une atmosphère positive. Et tous ceux qui vous entourent feront de même. Grâce à vous.

RÈGLE 9

Fixez vos limites

Dès le premier jour où vous prenez vos fonctions de manager, vous devez avoir complètement réglé la question de la discipline. Rappelez-vous : nous avons mentionné un peu plus tôt que gérer une équipe peut présenter quelques similitudes avec le rôle de parent. Eh bien, en tant que parent, vous êtes plus ou moins obligé, pour survivre, de fixer des limites et de pratiquer la tolérance zéro. Donnez-leur la main et ils vous arracheront le bras ; ils profiteront de vous s'ils vous trouvent mou. Des limites claires et la politique de la tolérance zéro permettent d'établir une ligne précise à l'aune de laquelle vous pouvez juger tous les comportements de vos collaborateurs. Vous n'avez qu'à vous demander : « Les règles ont-elles été respectées ? » Si la réponse est non, mettez fin au manquement. Si vous autorisez celui-ci, où vous arrêterez-vous ?

Prenons un exemple : vous êtes pointilleux sur la ponctualité (ou la tenue vestimentaire ou la manière dont les clients doivent être traités). Si vous acceptez une minute de retard, pourquoi pas deux ? S'il n'y a pas de problème avec deux minutes, pourquoi pas trois ? Et ainsi de suite, jusqu'à ce que vos collaborateurs arrivent à l'heure qui leur plaît. En revanche, si vous ne tolérez pas une minute de retard, vous mettez un terme au problème. Vous n'avez plus besoin de réfléchir à cette question. Alors que si vous autorisez les transgressions, les petits manquements, vous serez toujours amené à vous demander : « Est-ce que ceci va trop loin ? », « Est-ce que je peux reprendre les choses en main ? » ou « Jusqu'où suis-je prêt à aller ? »

Des limites claires et une politique de tolérance zéro permettent d'établir une ligne précise – l'aune à laquelle vous pouvez tout juger.

Cela ne signifie pas que vous deviez établir des centaines de règles et vous montrer ridiculement inflexible mais vous devez décider de quelques limites clés, importantes pour vous, pour l'équipe et le bon déroulement du travail. Exprimez-les clairement et appliquez-les fermement.

Souvenez-vous que vous avez affaire à une équipe – j'insisterai sur ce point tout au long de cet ouvrage – et non à une personne. Vous serez peut-être tenté de faire une exception pour telle ou telle personne, mais vous n'avez pas affaire à des individus : vous avez affaire à une équipe. Si vous donnez l'impression d'être souple avec certains, vous devez l'être avec tous. Si vous acceptez qu'Untel arrive en retard, alors vous devez accepter que tous arrivent en retard. Si quelqu'un peut s'affranchir des règles, alors tous doivent y être autorisés.

Si vous souhaitez être un bon manager, ne tolérez pas d'attitudes déplacées. Vous enverrez ainsi un message clair à l'ensemble de l'équipe. Vous ferez comprendre à vos collaborateurs que vous êtes un bon manager, ferme, maître de la situation, que vous n'avez pas besoin de passer pour une personne complaisante, décontractée, sympathique mais que vous faites grand cas de ce que votre équipe peut réaliser de manière collective. C'est vrai qu'individuellement, certains membres de l'équipe apprécieraient que vous fermiez les yeux lorsqu'ils se permettent de faire n'importe quoi, mais, collectivement, votre équipe critiquera votre laxisme.

RÈGLE 10

Soyez prêt à élaguer

D'accord, vous disposez maintenant de votre orchestre et vous le faites jouer. Vous écoutez : quelque chose ne va pas. Ça y est, vous avez compris : le flûtiste joue faux, fait des canards et se trompe de partition. À vous de décider :

- de vous accommoder du flûtiste ;
- de l'amener à changer ;
- ou de vous en débarrasser.

Examinons un peu chacune de ces trois solutions ; celles-ci, qu'il s'agisse des relations ou de la vie, du travail ou des enfants, sont récurrentes.

Vous avez décidé de vous accommoder du mauvais flûtiste. Cela veut dire que l'ensemble de votre orchestre manquera de qualité, donnera l'impression de jouer faux et d'être inapte à faire correctement son travail. Le public (votre objectif) ne vous écoutera pas et vous accusera, vous le chef d'orchestre, d'être mauvais – et il aura raison.

D'accord, vous allez essayer de faire changer le flûtiste X. Celui-ci suit une formation. Vous l'envoyez à un cours de rattrapage (logement compris, bien sûr). Il revient avec la bonne partition, mais il a décidé de se mettre au basson, car il a compris qu'il ne pouvait épanouir sa créativité en jouant de la flûte. Problème résolu. Bien joué.

Mais que faites-vous si un rapport mentionne qu'il est à moitié sourd et n'aurait, en réalité, jamais dû appartenir à l'orchestre mais faire carrière dans une entreprise de déclenchement d'alarmes incendie? Vous ne pouvez en aucun cas changer de cap et lui confier le triangle, car il rate cela aussi. Et, à ce stade, le reste de l'orchestre a perdu confiance en vous et commence à se mutiner.

Que faire d'un flûtiste à moitié sourd, qui n'aurait, en réalité, jamais dû appartenir à l'orchestre?

Il est temps de passer à la troisième solution. Vous le licenciez. C'est rapide et vous lui rendez service. Il peut alors devenir champion du déclenchement d'alarmes quelque part, mais pas dans votre société, et votre orchestre reconnaît que vous êtes un leader ferme, qui sait ce qu'il veut, qui sait tenir ses objectifs (vous avez fait passer l'intérêt du groupe avant celui du mauvais joueur) et est maître de la situation. Vous gagnez un point.

Soyez toujours prêt à couper les branches mortes, les rejets rebelles, les mauvais flûtistes (ainsi que tout autre membre de l'équipe qui ne ferait pas le poids).

RÈGLE 11

Déléguez autant que vous le pouvez. Osez !

Le bon manager – et à partir de maintenant il s'agit de vous – sait qu'il gère des événements, des procédés, des situations, des stratégies, mais jamais des gens. Tenez, imaginons que vous avez un grand jardin et décidez d'embaucher un jardinier. Est-ce que vous gérez le jardinier ? Non. Il se gère très bien tout seul, merci. Votre travail consiste à gérer le jardin. Vous décidez quoi planter, où et quand. Le jardinier devient un outil dans le jardin, au même titre que la pelle ou la brouette, un outil à votre disposition pour gérer efficacement votre jardin. Mais vous ne gérez pas le jardinier. Il se gère lui-même. Vous lui donnez vos instructions et il se débrouille avec elles. Vous déléguez et il creuse, bêche, plante, coupe, entretien et désherbe. Les plantes se gèrent également elles-mêmes ; ni vous ni le jardinier ne les faites pousser en réalité – vous gérez tous les deux. Le jardinier est votre assistant utile, votre outil pour que les choses soient faites.

Maintenant, impliquer autant que possible le jardinier dans le processus de prise de décision, afin de se libérer du temps pour élaborer une stratégie à long terme, en conservant une vue d'ensemble de la situation, en planifiant les choses de manière saisonnière et en lisant attentivement les catalogues de graines, assis à l'ombre, en sirotant un Pimm's rafraîchissant peut être une politique intéressante.

Constituez votre équipe, puis faites-lui confiance.

Il est inutile de vous planter derrière votre jardinier pendant qu'il tond la pelouse, désherbe les parterres, élague les arbres, etc. Mieux vaut lui confier le travail à faire et le laisser faire. Vous pouvez contrôler son travail une fois qu'il a fini et vous assurer qu'il est à la hauteur. Puis vous n'aurez probablement plus besoin de faire cela : ne passez pas votre temps à contrôler ce qu'il fait.

Et cela, au fond, est le secret du bon management. Confiez aux gens un travail à accomplir et laissez-les faire. Assurez-vous une fois ou deux qu'ils exécutent leur travail comme vous le souhaitez et la fois suivante laissez-les faire. Confiez-leur, petit à petit, de plus en plus de missions, effacez-vous de plus en plus par rapport aux manières de faire de vos collaborateurs et concentrez-vous plutôt sur les processus de planification. Constituez votre équipe, puis faites-lui confiance. Il y aura parfois des ratés et les gens n'en feront qu'à leur tête, se défileront et travailleront mal – et cela sera votre entière responsabilité car vous êtes le manager et c'est votre équipe. Et vous serez entièrement responsable. Continuez votre lecture et vous trouverez quelques trucs pour vous assurer que cela n'arrive pas – ou en tout cas pas trop souvent.

RÈGLE 12

Laissez-les commettre des erreurs

Il existe un vieux proverbe chinois qui dit à peu près ceci : « Dites-moi quelque chose et je m'en souviendrai une heure ; montrez-moi quelque chose et je m'en souviendrai un jour ; mais laissez-moi faire quelque chose et je m'en souviendrai à jamais. » Bien. Mais vous devez savoir que, quand vous laissez faire les gens, le travail sera mal fait au début. Ils commettront des erreurs. Et vous les laisserez faire.

Si vous avez des enfants, vous savez comme c'est atroce lorsque votre bout de chou de deux ans insiste pour se servir lui-même à boire et renverse les trois quarts de la carafe sur la table. Vous attendez, une éponge à la main, parce que vous savez que :

- il va renverser sa boisson ;
- vous devrez passer l'éponge ou la serpillière ;
- il est important qu'il apprenne à se verser à boire, que vous devez le laisser faire et que, pour parvenir à ne pas renverser sa boisson, votre enfant doit d'abord la renverser.

Dites-moi quelque chose et je m'en souviendrai une heure ; montrez-moi quelque chose et je m'en souviendrai un jour ; mais laissez-moi faire quelque chose et je m'en souviendrai à jamais.

En tant que parent, vous vous livrez à un merveilleux exercice de voltige : vous êtes prêt à saisir la bouteille de jus de fruit s'il en verse trop, ou à rattraper la tasse si elle se renverse, ou même votre enfant s'il est sur le point de tomber de sa chaise tellement il se concentre sur sa tâche !

Je ne prétends pas que les membres de votre équipe se comportent comme de jeunes enfants – en fait, c'est le cas, mais ne leur dites pas –, mais vous devez impérativement apprendre à les laisser se servir si vous voulez qu'ils progressent. Assurez-vous d'avoir à portée de main une éponge ou une serpillière pour pouvoir nettoyer après leur passage.

Et, après chaque accident, ne les rabrouez pas. Montrez-vous élogieux, au contraire ; dites : « Bien joué, excellent travail. Progrès remarquables. » Tachez de faire en sorte qu'ils ne voient pas le chiffon ou la serpillière.

RÈGLE 13

Acceptez leurs limites

Ainsi que nous l'avons vu, faire fusionner de manière effective une équipe signifie que vous avez besoin de plusieurs composants – ou membres d'équipe. Certains d'entre nous sont performants pour certaines choses, alors que d'autres ne le sont pas.

Si nous étions tous identiques, nous ne pourrions pas travailler en équipe – nous serions tous leaders ou tous exécutants.

Or vous avez besoin d'une combinaison, pas des uns sans les autres.

Et donc si certains membres de votre équipe ne sont pas des leaders – ou des exécutants – vous devez l'accepter. Si certains jonglent avec les chiffres et d'autres pas, vous devez l'accepter. Si certains excellent quand ils sont autonomes et d'autres pas, vous devez l'accepter.

Et pour pouvoir accepter les limites de chacun, il est nécessaire de très bien connaître vos collaborateurs. Vous devez connaître les forces et les faiblesses, les bons et les mauvais points de chacun. À défaut – et je suis sûr que cela ne vous concerne pas – vous essayerez toujours de faire rentrer des vis rondes dans des trous carrés, et vice versa.

Vous devez vous faire à l'idée que tout le monde n'est pas aussi intelligent, résolu, ambitieux, malin ou motivé que vous (je reconnais que je suis en train de vous flatter), mais voyez la règle suivante. Il est bien possible que certains membres de votre équipe aient un encéphalogramme plat, et vous devrez peut-être appliquer la règle 8 avant la règle 11 s'il n'y a aucun espoir. Mais n'agissez pas dans la précipitation. Il se peut que vous n'ayez pas besoin d'une équipe de génies (en réalité, si vous embauchez des gens beaucoup trop malins pour leur travail, ils vous quitteront rapidement).

Supposez par exemple que votre équipe comporte des opérateurs de machine ou des assistants administratifs. Vous n'avez pas besoin que ceux-ci aient le cerveau d'Einstein ni qu'ils soient très compétents lors des réunions de brainstorming. Mais vous avez besoin qu'ils puissent rester assis pendant de longues heures, dans des positions où ils ne se sentent même plus leurs fesses, en se concentrant sur une tâche simple et répétitive qui nous rendrait vous et moi timbrés. Simplement, n'attendez pas d'eux d'envolées créatives ni de nouvelles idées. Vous devez accepter leurs limites – et les aimer à cause d'elles, car ces limites sont les paramètres qui vous permettront d'obtenir d'eux ce qu'il y a de mieux, c'est-à-dire le meilleur qu'ils puissent donner. Et, tant que vous y êtes, jetez un coup d'œil à vos propres limites. Quoi? Vous n'en avez pas? Allons!

RÈGLE 14

Encouragez vos collaborateurs

Si vous ne dites pas à vos collaborateurs que vous êtes content d'eux, ils se décourageront. Les gens travaillent pour de nombreuses raisons – pour la plupart sans rapport avec l'argent, quoi qu'ils en disent. Or tout en haut de la liste des raisons non écrites, non dites et non déclarées figure : « Entendre des louanges du patron ». Au fait, dois-je vous rappeler que le patron c'est vous ?

Il se peut qu'ils appellent cela de la « reconnaissance » ou des « remerciements » ou « sentir qu'ils ont fait du bon boulot » – mais comment savent-ils qu'ils ont bien travaillé ? Ils le savent parce que vous leur dites.

Maintenant, vous pouvez les féliciter de manière rétroactive, pour ainsi dire – autrement dit attendre qu'ils fassent quelque chose de bien et leur dire –, ou les encourager à l'avance – les féliciter de manière appuyée. Dites-leur qu'ils vont faire du bon boulot avant qu'ils ne prennent leur stylo ou allument leur ordinateur. Pourquoi ? Parce qu'en les félicitant à l'avance, vous augmentez considérablement les chances qu'ils fassent du bon travail. Ils ne voudront pas vous décevoir ni se décevoir.

Dites-leur qu'ils vont faire du bon boulot, avant même qu'ils ne le fassent.

être un manager est un rêve minimaliste. Vous voulez créer une excellente équipe et cela en utilisant le moins de ressources possible. Féliciter les gens ne coûte rien. C'est une ressource instantanément remplaçable, qui ne disparaît jamais, qui marche invariablement à 100 %, qui se révèle incroyablement simple à mettre en œuvre et ne prend pas de temps.

Alors pourquoi les managers n'y recourent-ils pas plus ? Parce que louer ses collaborateurs demande de la confiance en soi. Il faut se sentir suffisamment content de soi pour être capable de distribuer des compliments à l'avance. Si vous doutez de vous-même, vous douterez de vos collaborateurs. Si vous doutez d'eux, vous ne chanterez pas leurs louanges car vous serez certain qu'ils vont échouer.

Dire « Allez, vous pouvez y arriver. Tout ira bien » nécessite seulement du courage. Plus vous confiez de responsabilités aux gens, plus vous leur faites confiance, plus vous les félicitez, plus vous les encouragez, plus ils vous donneront en retour. Féliciter ne coûte rien et rapporte beaucoup. Les encouragements devraient aller de soi.

Favorisez une ambiance où tout le monde encourage les autres – on devrait entendre tous les jours autour de vous : « Tu peux y arriver. » Si vous-même n'encouragez pas les membres de votre équipe, il y a peu de chances pour que ceux-ci s'encouragent entre eux. Encouragez les bons éléments à donner un coup de main à ceux qui sont moins bons. Dans toute bonne équipe, un climat d'entraide devrait être activement encouragé et félicité. Nous sommes tous sur le même bateau et nous nous noierons ou survivrons ensemble.

RÈGLE 15

Faites preuve d'excellence quand vous recrutez vos collaborateurs

Vous devez exceller à trouver les bonnes personnes pour les bons postes – puis à les laisser travailler. D'accord, je sais que cette règle nécessite une certaine dose d'intuition, mais je suis certain que vous connaissez des managers qui possèdent ce talent. Ils semblent s'entourer de gens capables et compétents puis se rasseoir et les regarder marquer des points. Vous aussi pouvez le faire. Il s'agit d'un talent particulier mais vous pouvez le cultiver. J'imagine que l'habileté tient à la fois dans le choix des bonnes personnes et dans le fait de les laisser faire – de les laisser se débrouiller seules. Cela demande beaucoup de confiance ; de la confiance dans leurs capacités ainsi que dans les vôtres.

Vous devez avoir une idée très claire de qui vous cherchez pour tel poste, aussi bien que de ce dont vous avez besoin. Par exemple, il se peut que vous ayez besoin d'un responsable de compte senior – c'est ce dont vous avez besoin. Mais de qui avez-vous besoin? de quelqu'un qui joue en équipe? d'un bon fêtard? de quelqu'un qui soit capable de prendre rapidement des décisions? de quelqu'un qui anticipe? de quelqu'un qui comprend les subtilités de votre industrie? de quelqu'un qui utilise couramment les tableaux Excel? de quelqu'un qui arrive à travailler avec des syndicalistes irascibles?

Vous voyez l'idée? Si vous disposez d'une idée claire de qui et de ce dont vous avez besoin, vous êtes en passe d'être un manager doté du don rare de trouver les bonnes personnes. Il ne s'agit pas d'un don, bien entendu, mais de planification, de vision, de logique et de labeur.

Vous devez exceller à trouver les bonnes personnes pour les bons postes - puis à les laisser travailler.

J'ai fait une fois l'erreur de me laisser totalement séduire par les références d'un manager – j'étais alors directeur général et je cherchais un manager – et je n'ai pas suffisamment prêté attention à ce qu'il était. C'est vrai qu'il disposait des références souhaitées et qu'il faisait très bien son travail. Mais il ne savait pas faire partie d'une équipe et voyait le monde du travail sous la forme d'une compétition, essentiellement entre lui et les autres managers. Ce n'était pas un problème en soi, mais cela ne me convenait pas, ni aux autres managers qui souhaitaient eux travailler à l'unisson. Cette fois-là, je n'ai pas su recruter la bonne personne et j'ai eu du mal à m'extirper de cette situation. Je n'ai pu m'en prendre qu'à moi-même car je n'avais pas suffisamment réfléchi à la personne que je cherchais.

Si recruter n'est pas votre fort ou si vous pensez que vous pouvez vous améliorer, invitez une personne dont vous appréciez les qualités à participer avec vous aux entretiens afin qu'il vous donne une autre perspective. Trouvez un mentor ou un coach pour vous aider à définir le profil de la personne dont vous avez réellement besoin.

RÈGLE 16

Recrutez des diamants bruts

Savez-vous combien d'éditeurs ont refusé le manuscrit du premier opus d'Harry Potter? Selon les sources, le nombre varie, mais la réponse est au moins huit. Qu'est-ce que cela nous dit sur Barry Cunningham, l'éditeur qui a accepté de publier cet auteur? Tout le monde, ou presque, en conviendra: il a été autrement plus malin que ses nombreux collègues qui ont refusé le texte.

Tout manager au parcours extraordinaire est un jour sorti de l'école ou de l'université, et il a attendu qu'on reconnaisse son talent et qu'on lui propose un job. Il a été un manager junior qui a attendu une promotion, ou un manager intermédiaire espérant être choisi pour diriger un projet, un service, une entreprise.

Voilà les éléments que vous voulez compter dans votre équipe. Des talents bruts, prêts à éclore. Peu importe leur expérience – ça, tout le monde finit par en avoir, avec le temps. Par contre, on ne peut simuler le talent, l'intelligence, l'énergie. Si vous trouvez quelqu'un qui en regorge, commencez par lui proposer le job, vous vous préoccuperez des détails plus tard. Je ne parle pas ici simplement d'enthousiasme – malheureusement, beaucoup de gens dépourvus de talent en possèdent – mais d'une véritable aptitude, d'une perception intelligente des problèmes.

Bien sûr, il est possible qu'un jour, ces talentueuses recrues vous fassent de l'ombre. Peut-être connaîtront-elles une ascension fulgurante au sein de l'entreprise, quitte à vous dépasser dans la hiérarchie. Cela inquiète certains managers. À vrai dire, beaucoup de managers. Mais cela ne préoccupera pas ceux qui respectent les Règles d'or. Parce qu'ils savent que la gloire de leurs recrues rejaillira sur eux. Pensez à l'éditeur qui a proposé à J. K. Rowling son premier contrat.

Réfléchissez-y. Ces gens-là parviendront au sommet, avec ou sans vous.

Mieux vaut être celui qui a su reconnaître leur talent, qui a eu l'intelligence de les recruter et qui a eu le privilège de les lancer.

Une fois votre équipe constituée, ses membres et leurs performances en diront davantage sur le manager que vous êtes que n'importe quel autre élément. Plus votre équipe sera performante, plus vous impressionnerez. D'ailleurs, certains grands managers reconnaissent que leur seul véritable talent est d'avoir su recruter des gens plus intelligents qu'eux. Ils le disent peut-être par autodérision, mais en réalité, c'est la seule véritable compétence indispensable pour arriver tout en haut. Sachez qui recruter, et puis laissez les gens se débrouiller, tout en leur fournissant ce dont ils ont besoin pour faire le job. Cela ne fait pas de vous un mauvais manager, cela fait de vous un excellent manager, parce que votre équipe surpassera toutes les autres, grâce à votre don pour repérer les talents.

RÈGLE 17

Sachez encaisser les coups

Désolé d'être brutal, mais si l'équipe échoue, c'est entièrement votre faute. En revanche, si l'équipe marche bien, tout le crédit lui en revient. Un bon manager devra toujours essuyer les coups.

Je sais bien que votre équipe peut servir d'excuse facile, mais cela ne prend pas.

C'est vous le leader, le manager, le patron. Si les choses tournent mal, vous devez vous lever et écoper du blâme.

Il est très facile de dire : « Nous n'avons pas réalisé nos objectifs parce que… » mais vous devez dire : « Je n'ai pas réalisé mes objectifs parce que… » Et ce « parce que » doit être suivi de « je » et en aucun cas de « ils ».

Il est aisé de dire : « Nous n'avons pas réalisé nos objectifs parce que le jeune Brian a par mégarde vexé le client X et nous avons perdu le client et de ce fait manqué nos objectifs de ventes. » Mais qui a confié ce client important au jeune Brian ? Vous. Qui organise les ventes ? Vous. Cela ne peut être que vous. Et croyez-moi, votre équipe sera prête à se tuer à la tâche lorsque vous le lui demanderez, si vous essuyez les coups lorsque les choses tournent mal. Rien ne génère plus de loyauté qu'un chef prêt à se lever et à dire : « J'en assume la responsabilité. »

Mais je sais également que c'est difficile, vraiment difficile à faire. Cela requiert de l'assurance, du courage, de la confiance (dans le fait que vous ne serez pas viré ou puni) et une certaine maturité.

Vous pouvez penser qu'une telle attitude vous nuira et vous fera paraître incompétent. Pourtant, je peux vous assurer du contraire. Si votre patron vous voit vous lever et dire : « Nous avons perdu le contrat et j'en assume la responsabilité. Voici ce que nous allons faire pour que cela ne se reproduise pas », il ne verra pas l'échec mais vous verra comme un futur membre du conseil d'administration.

RÈGLE 18

Félicitez votre équipe lorsqu'elle le mérite

De même que vous devez toujours assumer la responsabilité des échecs et en recevoir les blâmes, vous devez également couvrir votre équipe d'éloges et de remerciements quand les choses vont bien. Si la fabuleuse vente au client X se réalise parce que vous avez travaillé toute la nuit sur le projet, avez utilisé un vieux contact d'un précédent boulot, et l'avez emporté parce que vous connaissiez quelque chose que vos concurrents ignoraient, dites quand même : « Nous avons gagné grâce au travail de l'équipe. »

De même qu'écoper du blâme d'un échec dont on n'est pas responsable génère beaucoup de reconnaissance, mettre un succès au crédit de votre équipe en génère également. Mentionnez le fait d'une façon forte, en public, avec sincérité, surtout mentionnez-le. Et ne prononcez pas du bout des lèvres « C'est le travail de mon équipe » comme si vous en reconnaissiez les mérites tout en vous assurant que tout le monde sache qui en est vraiment responsable. Il n'est pas nécessaire d'insinuer que c'est votre équipe. Tout le monde sait qu'il s'agit de votre équipe ; vous n'avez pas besoin de le mentionner, en aucun cas. Dites : « Ils ont fait un excellent boulot, c'est une équipe fantastique. J'ai une chance incroyable de l'avoir. » Cela laisse entendre que vous n'y êtes pour rien, bien que tout le monde sache qu'il s'agit de votre équipe et que vous en êtes le leader ; votre équipe vous encensera et tout le monde pensera que vous êtes incroyablement humble et modeste. Bien joué.

Une fois encore, tout cela demande courage et confiance en soi, je sais. Vous travaillez dur et cela ne vous paraît pas juste d'en attribuer le mérite aux autres. Je sais qu'en réalité vous souhaiteriez vous lever et crier : « écoutez, c'était moi, j'ai fait cela tout seul, compris ? » Mais vous ne pouvez pas faire ça. Vous voyez, vous n'avez pas fait cela tout seul, malgré ce que vous pensez. Si vous êtes responsable des ventes, alors c'est l'équipe qui fabrique le produit que vous vendez qui a remporté le marché.

Sans votre équipe, vous ne vendriez que de la camelote.

Expliquez à votre équipe que la vente du produit était simple comme bonjour grâce à l'excellent travail qu'elle a fourni. Vos collaborateurs seront fiers comme des paons et redoubleront d'efforts.

RÈGLE 19

Procurez les meilleures ressources à votre équipe

Si vous considérez votre équipe comme un outil que votre petite personne utilise pour sa plus grande gloire, alors les ressources que votre équipe utilise sont les outils dont elle (et, par conséquent, vous) a (avez) besoin pour aller de l'avant. Trop nombreux sont les managers qui pensent que, en coupant dans les ressources de leur équipe, ils gagneront des espèces de bons points à conserver – et à utiliser à quelle occasion? au paradis? Je ne le crois pas. Vous devez obtenir les meilleures ressources pour votre équipe. En privant votre équipe, vous la privez également de ses chances de briller et de vous propulser au sommet de votre gloire.

Je connais beaucoup de managers qui disent : « Oh, ils peuvent se débrouiller encore quelques années avec Windows 98 » ou bien « Ils ne sauront pas se servir de l'Internet à haut débit, je peux économiser un peu d'argent en attendant un peu ». J'ai même entendu : « Je surveille de près ce dont ils ont besoin au cas où les choses dérapent. »

Obtenez ce qu'il y a de mieux, de vraiment mieux pour votre équipe et laissez-la faire son travail.

Si les membres de votre équipe ont besoin d'outils technologiques, obtenez-les pour eux, même si vous devez remuer ciel et terre. S'ils ont besoin de plus de personnel, de papier, de machines plus performantes, d'outils de plus grande qualité – débrouillez-vous pour vous les procurer. Récoltez tout ce dont ils ont besoin pour faire leur travail avec plus de soin, de facilité, de rapidité, pour produire plus et à moindre coût. Même si vous devez discuter, suer sang et eau, plaider, supplier, faire exploser un budget ou deux – faites-le, sans attendre. Vous ne pouvez tout simplement pas espérer d'eux a) qu'ils fassent de leur mieux, ni b) qu'ils soient motivés, si vous les privez. Ils en parleront à d'autres personnes que vous connaissez : des collègues appartenant à la même entreprise, des amis appartenant à d'autres entreprises. Ils sauront lorsque vous les roulez et cela leur déplaira, vous leur déplairez et ils travailleront moins efficacement. En conséquence, vous n'arriverez pas à briller. Allez leur trouver ce dont ils ont besoin, illico.

RÈGLE 20

Récompensez

Tous les jours, je trouve le moyen de récompenser mon personnel par une petite attention – une petite fête pour chaque résultat, aussi trivial que cela peut paraître. Faites comme moi et vous aurez un personnel motivé, qui aura l'habitude de fêter chaque réussite. Et c'est vraiment important.

Les récompenses? Elles sont toutes petites: un sachet de chouquettes, un peu plus de mousse sur le cappuccino du matin, la possibilité de sortir s'asseoir au soleil.

Parfois, je déclare qu'aujourd'hui est un jour spécial parce que nous avons obtenu tels et tels résultats et j'emmène mes collaborateurs déjeuner, je les laisse prendre du temps libre, me raconter leurs pires plaisanteries – jamais tout cela à la fois, néanmoins.

Et occasionnellement je déclare un jour spécial alors que nous avons raté une commande. Je récompense les erreurs, les ratés, les échecs, les accidents. Pourquoi? Mes collaborateurs ont tous travaillé comme des brutes, fait de leur mieux, tout donné, et sué sang et eau. Pourquoi ne devrais-je pas les récompenser? Que nous ayons échoué ne veut pas dire que nous n'avons pas fait notre possible. Je récompense l'effort. Je célèbre tout ce que nous avons fait de bien – effort, lutte, détermination, travail d'équipe, énergie, bon et honnête travail.

Ne fêtez pas uniquement les gros succès, fêtez aussi les petits – évidemment par de plus petites fêtes, mais par des fêtes quand même. Tout est bon pour sortir prendre un café. Qu'est-ce que cela vous coûte? Pas grand-chose. En outre, le sentiment de chaleur qui s'en dégage excède de loin ce que cela vous coûte.

Pourquoi ne devrais-je pas les récompenser ? Que nous ayons échoué ne veut pas dire que nous n'avons pas fait notre possible.

RÈGLE 21

Gardez une trace de tout ce que vous faites et dites

Pourquoi devriez-vous garder une trace de tout ce que vous faites et dites, à moins de penser à mal? En vérité, c'est l'inverse.

Plus vous êtes un bon manager, plus vous devez conserver d'informations.

Pourquoi? pour deux raisons.

Premièrement, par cohérence. Vous devez tout garder parce que vous aurez besoin de vous référer à vos archives de temps à autre. La question « Comment ai-je fait cela dans le passé? » se présentera constamment. Votre équipe a besoin que vous vous montriez cohérent et vous ne pouvez pas l'être si vous ne vous souvenez pas de ce que vous avez fait la dernière fois. Si vous avez offert un déjeuner fameux à Jim la dernière fois qu'il a remporté un gros contrat, et que vous invitez Terri à prendre un café avec un croissant lorsqu'elle gagne un contrat similaire, il y a des chances qu'elle ne soit pas très heureuse et que, la prochaine fois, vous ayez du mal à obtenir qu'elle donne le meilleur d'elle. Alors marquez tout et vérifiez vos notes. De même, si vous soutenez au client X qu'il bénéficie des mêmes conditions que le client Y, et qu'il découvre que c'est faux, il ira probablement voir ailleurs. Soyez cohérent.

Deuxièmement, il est important que vous gardiez tout pour avoir des preuves. être un bon manager, vraiment un bon manager risque de vous exposer à de la jalousie, du ressentiment et de la défiance. Tout le monde n'est pas aussi franc que vous l'êtes. Si votre équipe vous gratifie d'un taux de satisfaction de 110 %, alors que celle d'un autre manager ne lui donne que 60 % parce qu'il est mauvais, ce dernier risque de s'imaginer que vous manigancez quelque chose au lieu d'attribuer ses piètres résultats à son manque de compétences managériales. Il peut tout simplement être utile de pouvoir montrer d'où proviennent les projets qui réussissent ou que vous avez accompli tout ce que vous aviez promis.

Les décisions prises, les mémos envoyés, les courriels écrits, les rapports présentés, gardez trace de tout. Tout courriel doit être sauvegardé. La belle affaire : les ordinateurs disposent d'une telle mémoire de nos jours que, même si tous les courriels envoyés étaient sauvegardés, cela remplirait seulement un cybercoquetier !

RÈGLE 22

Repérez les frictions

Quand vous menez une équipe, vous travaillez avec des personnes. Et parfois certaines entrent en conflit avec d'autres. Pourquoi ? Allez savoir. Cela arrive. Untel marche sur les plates-bandes de son collègue, une autre dérobe les biscuits de la personne qui partage son bureau, un autre occupe une place de stationnement qui ne lui est pas attribuée. Qui a commencé ? Allez savoir. Pouvez-vous laisser faire ? Heureusement que non. Cela doit être tué dans l'œuf. Vous devez vous préoccuper des frictions presque avant qu'elles ne démarrent et faire quelque chose. Cela n'a aucun sens de les laisser se poursuivre un jour de plus que nécessaire. Mais pour cela vous devez ouvrir l'œil et le bon. Vous devez vraiment bien connaître votre équipe pour déceler les premiers signes d'échauffourée.

Si vous ne les désamorcez pas, ces frictions se transformeront en monstre en grandissant. Les petites piques tourneront à la guerre généralisée, imposant aux personnes non impliquées de choisir leur camp.

Que devez-vous rechercher ? des silences inopportuns, des récriminations étranges : « Si seulement Clare pouvait cesser de tant venir jacasser dans mon bureau » ; des grognements et des médisances, une concurrence forcenée et inappropriée entre deux collègues. L'apparition brutale de lignes de démarcation, telles que des pots de fleurs pour cacher un bureau. L'utilisation de livres ou d'ordinateurs sur les bureaux pour permettre aux gens de se dissimuler ou de se protéger. La constatation que des membres de votre équipe sont tenus à l'écart des petites fêtes ou du café du matin ou paraissent ne pas participer à l'humour ambiant.

Je suis certain que vous en savez autant que moi sur ce sujet. Gardez l'œil ouvert et tendez l'oreille. Le secret consiste à mettre fin à tout cela avant que ça ne tourne trop mal. Pour réussir, vous devez endosser les rôles de diplomate, parent, politicien, arbitre.

Vous ne devez en aucun cas montrer que vous prenez partie. Vous devez montrer que vous prenez des mesures rapidement et résolument et faire comprendre que les querelles ne seront pas tolérées.

Faites venir les belligérants. Raisonnez-les. Séparez-les. Changez-les d'équipe. Tenez-les à distance. Obligez-les à travailler ensemble comme coéquipiers. Il existe de nombreuses options pour mettre fin à ces batailles et je suis certain que le moment venu vous choisirez la mesure appropriée à la situation.

RÈGLE 23

Créez une bonne ambiance

Il est non seulement facile, mais essentiel, de créer une bonne ambiance. Lorsque vos collaborateurs sont maussades, découragés, déprimés et revêches, cela se voit. Cela se voit à leur travail, à la manière dont ils se comportent avec les clients et leurs collègues, à la manière dont ils se traitent entre eux et, plus important, à la manière dont ils travaillent avec vous et pour vous.

Cela ne coûte rien de dire poliment bonjour le matin, en le pensant. S'assurer que tous les participants à une réunion aient un café ou un thé n'est pas une corvée. Cela ne prend qu'une seconde de demander : « Comment allez-vous ? » Les trois règles applicables sur tous les lieux de travail sont :

- la politesse ;
- la gentillesse ;
- la bonté.

Oui, nous avons tous connu des patrons qui criaient et se comportaient de manière grossière et agressive, mais à l'instar des dinosaures ils disparaîtront et nous pouvons aller de l'avant. Les gens ont droit :

- au respect ;
- à un comportement civilisé ;

- à de la dignité.

Si vous n'êtes pas capable de donner tout cela à vos collaborateurs, vous ne devriez pas être manager. Mais je suis certain que vous le pouvez. Il est aisé de créer une bonne ambiance. Cela vient d'en haut. C'est votre boulot et votre rôle de vous montrer réjoui, attentionné, poli et aimable. Les personnes qui travaillent pour vous sont l'une de vos plus importantes ressources – vos outils, vos armes de réussite massives. Vous n'êtes rien sans elles.

Vous n'êtes rien sans vos collaborateurs. Avec eux, vous êtes une équipe.

Avec elles, vous êtes une équipe. Utilisez vos collaborateurs avec gentillesse et ne les maltraitez pas. Intéressez-vous vraiment à eux et à leur vie. Si vous n'en avez pas le temps, prenez-le.

Le mot que je cherche est « courtoisie ». Ce concept peut paraître suranné, pourtant, il permet de déplacer des montagnes, d'ouvrir des portes et d'obtenir de vos collaborateurs qu'ils prennent des tours de service qu'ils auraient autrement refusés.

RÈGLE 24

Insufflez loyauté et esprit d'équipe

Si vous travaillez en équipe, il y a de bonnes chances que vous passiez plus de temps avec vos collaborateurs qu'avec votre famille et que les membres de votre équipe passent plus de temps avec vous qu'avec leur famille. Si c'est le cas, vous avez intérêt à bien vous entendre. Je ne vous demande pas de vous aimer, mais de vous comporter comme les membres d'une famille. Et le meilleur moyen d'y parvenir est d'insuffler de la loyauté et de créer un esprit d'équipe. En tant que manager, vous devez vous comporter en chef de famille.

Il faut qu'on vous respecte, qu'on vous admire, qu'on vous fasse confiance et qu'on puisse compter sur vous. C'est une lourde responsabilité. Y parviendrez-vous? Bien entendu. Tout ce que vous avez à faire est de:

- récompenser vos collaborateurs;
- les féliciter;
- vous montrer aimable avec eux;
- leur faire confiance;
- les inspirer;
- les conduire;
- les motiver;

- les faire progresser ;
- vous soucier sincèrement d'eux.

Plus facile à dire qu'à faire. Vous serez tenté de parcourir cette liste en vous disant : « Oui, oui, je fais cela. » Mais arrêtez-vous un instant, revenez en arrière et réfléchissez vraiment à chacune des actions énumérées ci-dessus. Accomplissez-vous réellement chacune des actions énumérées ? Pouvez-vous améliorer la façon dont vous les faites ? êtes-vous absolument certain que vous n'êtes pas en train de penser que vous agissez ainsi, alors qu'en réalité ce n'est pas le cas ? Il y a parfois une grande différence entre ce que l'on pense faire et ce que l'on fait réellement. Demandez à quelqu'un (dans l'idéal un membre de votre équipe ou une personne qui vous voit interagir avec votre équipe) ce qu'il en pense honnêtement. Que rapporte-t-il ?

J'ai eu l'occasion d'être en concurrence avec une autre société pour un travail. Une personne de l'équipe du manager rival vivait avec un de mes collaborateurs, John. Elle lui rapportait tous les plans de son patron, les chiffres, les résultats, les promotions à venir, etc., et je pouvais le devancer à chaque fois. Pourquoi ne racontait-elle pas tout ce qui me concernait à son patron, étant donné qu'elle parlait manifestement du travail avec John ? La réponse est simple : elle n'aimait pas son manager. Et cela lui était entièrement imputable : il se montrait grossier avec son personnel, injurieux, non coopératif et désagréable. étais-je un manager laxiste et faible ? En aucun cas. Je me comportais de manière stricte et professionnelle, mais je traitais mon équipe avec respect. Cela me demandait peu d'efforts car le comportement de mon concurrent suffisait à me mettre en valeur.

RÈGLE 25

Faites confiance à vos collaborateurs et montrez-le

J'imagine que vous avez un ordinateur. D'accord, il plante de temps en temps – c'est un acquis. Vous avez une voiture. Elle tombe parfois en panne, même si ce n'est qu'une crevaison – ceci aussi est un acquis. Maintenant vous ne passez pas votre temps à regarder votre ordinateur et votre voiture d'un air inquiet, en vous attendant à ce qu'ils vous laissent tomber, ni à les surveiller de près au cas où ils montreraient le moindre signe de panne, n'est-ce pas? Non, bien sûr que non. Alors, cessez de surveiller vos collaborateurs ainsi. Ils sont un outil pour accomplir le travail. Ils tomberont en panne et vous planteront de temps en temps, mais vous devez accepter leurs limites (règle 11), leur donner droit à l'erreur (règle 10) et accepter le fait de ne pas les gérer pour planifier le déroulement du travail.

Et si vous arrivez à faire confiance à vos collaborateurs, vous devez le leur montrer. Il convient non seulement de faire confiance, mais aussi de le montrer. Parfois, vous devrez faire tout un show pour montrer à vos collaborateurs que vous les laissez se débrouiller seuls.

Vous montrez à vos collaborateurs que vous leur faites confiance en vous effaçant, en les laissant gérer leur travail. Cessez de regarder par-dessus leur épaule, de passer votre temps à vérifier, de lever le nez avec nervosité chaque fois qu'ils bougent, toussent ou se lèvent. Détendez-vous et laissez-les se débrouiller. Vous pouvez toujours leur demander de vous rendre compte en fin de journée ou de semaine et les encourager à venir vous voir en cas de problème. Simplement, montrez clairement que vous leur faites confiance pour accomplir le travail que vous leur avez confié et que vous êtes toujours là s'ils ont besoin d'aide ou de conseils.

Vous montrerez à vos collaborateurs que vous leur faites confiance en vous effaçant, en les laissant gérer seuls le travail que vous leur avez confié.

Je vous entends déjà dire : « Et si je ne leur fais vraiment pas confiance? » « Et si je sais qu'ils ne sont qu'une bande de profiteurs, de fainéants et de bons à rien? » Mais vous, que faites-vous, effectivement? Qui est le chef de cette équipe? Qui a embauché, formé et conservé une telle bande d'incapables?

Désolé d'être un peu dur, mais il faut parfois affronter la réalité. Si vous ne pouvez pas faire confiance à votre équipe, cherchez-en la raison dans vos propres (in)compétences en matière de management – ou lisez la suite. Un bon leader (autrement dit, vous) dispose d'une bonne équipe derrière lui. Si l'équipe est mauvaise, il convient de mettre en cause le leadership – et ça ne sera pas vous qui le ferez. Si l'équipe est bonne, vous pouvez faire confiance à vos collaborateurs. Si vous ne pouvez vraiment pas faire confiance à votre équipe (et en êtes-vous bien certain?), alors il convient d'en changer.

RÈGLE 26

Respectez les différences individuelles

J'ai plusieurs enfants. J'attends d'eux qu'ils forment une équipe. Mais je suis suffisamment malin pour réaliser qu'ils sont tous différents et que si j'essaie de les traiter de la même manière, de leur appliquer les mêmes règles – en dehors de la discipline – je n'obtiendrai que mutinerie ou chaos. L'un d'eux – et je ne mentionnerai aucun nom ici, mais ils sauront de qui je parle – ne supporte pas d'être bousculé. Jamais, de quelque manière que ce soit. Si vous insistez, il se braque et rien ne peut l'ébranler. Il faut l'appâter, l'allécher, le séduire pour qu'il accélère. En revanche, j'ai un autre fils qui doit être constamment freiné. Je suis obligé de respecter – et de faire avec – leurs différences individuelles. Je n'ai pas le choix.

Il en est de même pour votre équipe. Certains de ses membres peuvent être bousculés, alors que d'autres ne le supportent pas. Certains auront besoin qu'on les freine, alors que d'autres auront besoin d'être activés. Certains arriveront au travail avec un grand sourire, alors que d'autres seront d'une humeur de dogue le matin. Certains seront terriblement doués en technologie, et d'autres non. Retournez lire ce que Belbin dit au sujet de la règle 2. Comprenez que chaque membre d'une équipe dispose de quelque chose de différent à offrir et que ce sont justement ces différences qui rendent votre équipe exceptionnelle.

En famille, je sais à qui recourir si j'ai besoin de faire quelque chose rapidement. Si j'ai besoin d'une approche plus lente et plus méthodique, je choisis un autre enfant.

Aucun membre de votre équipe ne doit échapper à une tâche au prétexte qu'il est différent – vous devez maintenir une discipline équitable. Le respect de chacun réside plus dans la manière dont vous traitez les différences individuelles, dont vous affectez les tâches et dont vous attendez que les choses soient accomplies. Dieu merci, nous sommes tous différents – une terre peuplée de personnes à mon image, serait épouvantable (même moi, je suis capable de le comprendre) – et les différences permettent à une excellente équipe de ramer à l'unisson, de manière efficace.

Disons que vous êtes responsable de l'équipe commerciale et que la plupart de ses membres portent des costumes très élégants et mènent rondement leur baratin (comme vous), mais que l'un d'eux préfère s'habiller de façon décontractée et se montre plus bavard avec ses clients, ne lui collez pas l'étiquette « n'a pas le profil », mais jugez-le à ses résultats. S'il atteint ses objectifs et que ses clients l'apprécient, alors vive la différence !

Les différences sont ce qui fait qu'une excellente équipe rame à l'unisson, de manière efficace.

RÈGLE 27

Écoutez les idées des autres

Si vous croyez tout savoir, vous risquez d'être trop occupé à vous écouter et à écouter les flatteries pour avoir le temps d'écouter qui que ce soit d'autre. Mais cela ne vous ressemble pas. Tout le monde a quelque chose à vous offrir, aussi bas soit-il placé dans la hiérarchie. Essayez de discuter avec le groom de l'ascenseur, le gardien du parking, le personnel de la cantine, les personnes chargées de l'entretien... Plus important encore, écoutez les membres de votre équipe. Ce sont eux qui sont informés, qui utilisent les ressources et les produits. Ce sont eux qui sont à la pointe et ils peuvent très bien avoir des idées, de bonnes idées. Vous n'avez pas besoin de les consulter sur tous les détails, mais demandez-leur leur avis pour les décisions importantes. Parlez-leur. Obtenez leurs réactions, leurs idées, leur créativité.

Parlez à vos collaborateurs.
Sollicitez leurs réactions, leurs idées, leur créativité.

Bien évidemment, vous devez prendre soin de vous assurer que vous continuez à être le chef. Vous écoutez vos collaborateurs mais cela ne veut pas dire que vous allez adopter chacune de leurs idées. Abandonnez l'idée que vous devez automatiquement mettre en œuvre leurs suggestions. Ce serait ouvrir la boîte de Pandore. écoutez, assimilez, puis prenez votre décision sur la base de ce que vous avez entendu, de votre propre expérience, de vos propres idées et de ce qui est réalisable. Attention : il n'est pas bon d'écouter les gens, de ne pas utiliser leurs informations et de les laisser se décourager. Ils risquent de se dire : « à quoi ça sert de donner mes idées au patron si elles ne sont jamais utilisées ? »

Pour éviter toute rancœur, vous devez écouter vos collaborateurs sans leur laisser entendre que vous utiliserez nécessairement leurs idées, afin de ne pas les décourager si vous décidez quelque chose de radicalement différent. Vous pouvez, en revanche, faire en sorte qu'ils pensent que leurs idées sont incorporées dans votre stratégie globale.

Pratiquement tous les membres d'équipes que je connais pourraient dire à leur responsable quelque chose d'utile sur ce que leur équipe ou leur société fait mal ou comment améliorer quelque chose. Si vous êtes ouvert à cela, posez les bonnes questions et écoutez sans préjugés (ou discutez-en), vous intégrerez immédiatement une classe supérieure de managers.

RÈGLE 28

Adaptez votre style à chacun des membres de votre équipe

Adapter votre style ne signifie pas que vous deviez vous transformer en caméléon. Cela veut dire que vous devez vous montrer sensible à l'individualité de chacun des membres qui composent votre équipe et travailler avec. Votre équipe peut comporter des gens extravertis, appréciant les éloges en public, et de gens introvertis, qui rentreraient sous terre si on les louait publiquement. Félicitez ces derniers de manière privée. Voilà un exemple simple qui montre comment vous pouvez modifier votre style sans changer de peau, d'endroit ni de personnalité.

Mon équipe comprend une personne extrêmement compétente, mais qui déteste les évaluations au point de faire n'importe quoi pour y échapper. Elle répugne à parler d'elle de quelque manière que ce soit, sa peur frise même la phobie. Je dois considérablement changer mon style de management avec elle pour procéder à son évaluation semi-annuelle, car si elle apprend que je pense en organiser une, elle commence à avoir de l'hyperventilation et fait une crise de panique. En revanche, une autre personne de l'équipe me salue tous les matins d'un très joyeux : « Comment je vais, Patron? » Cette femme adore parler d'elle et serait ravie de me faire un compte-rendu quotidien, si je la laissais faire. Chacune de ces deux personnes excelle dans son travail – elles ne seraient pas là autrement – mais elles doivent être gérées de manière complètement différente. Je veux que toutes deux continuent à faire du bon travail, et je dois les manier différemment pour obtenir le meilleur d'elles.

Vous devez vous montrer sensible à l'individualité au sein de votre équipe et travailler avec.

De même, certaines personnes aiment qu'on les laisse se débrouiller, créer des occasions et faire arriver les choses ; elles viendront vous voir si elles ont besoin d'aide (elles appartiennent au groupe des gens brillants très motivés, voir règle 2). D'autres auront besoin que vous soyez plus directif et que vous leur confiiez des projets précis. N'encadrez pas trop les premières : elles s'y opposeront et s'en irriteront (voire partiront). Inversement, vous devez encadrer suffisamment les secondes, sinon elles se sentiront stressées par le manque de structure dans leur travail et ne s'impliqueront pas suffisamment. Pensez aux individus. Pensez à ce dont ils ont besoin et à ce qui les motive et adaptez votre style de management en fonction d'eux.

RÈGLE 29

Laissez-les penser qu'ils en savent plus que vous (même si ce n'est pas le cas)

Cette règle paraît évidente mais je parie que rares sont les managers qui l'utilisent. Pourtant, elle permet aux gens de se sentir vraiment uniques et importants. Il vous suffit de dire à vos collaborateurs : « Vous qui connaissez le sujet, qu'en pensez-vous? » Les principes essentiels de cette règle sont :

- demandez leur avis à vos collaborateurs ;
- sollicitez leur opinion et leur vision des choses ;
- donnez-leur plus de responsabilités qu'ils n'en ont jamais eues – vous serez surpris de constater qu'ils se montreront toujours à la hauteur ;
- discutez avec eux des questions et des nouvelles essentielles ;
- encouragez-les à vous rendre compte de leurs problèmes ;
- ne les congédiez jamais au motif que « ce ne sont que des employés ».

Même si vous savez que vous en connaissez plus qu'eux sur un sujet, appliquez cette règle. Ils apprécieront. Ils travailleront mieux. Ils retiendront quelque chose de vos conversations et peut-être que vous aussi en sortirez enrichi.

Et profitez-en pour leur expliquer tout le procédé applicable dans votre industrie, afin qu'ils ne se sclérosent pas dans un service. Vous devez leur montrer le rôle important qu'ils jouent dans l'ordre global des choses et à quel titre leur contribution est précieuse et utile.

Traitez-les comme vous traiteriez un client important auquel vous feriez visiter les lieux. Partagez avec eux les secrets de votre industrie : « Nous utilisons les nouveaux revêtements XP8 pour nos puces en silicone, à la différence de Mathers and Crowley, qui continuent de se servir du vieux modèle XP5. J'imagine que vous le savez déjà, mais gardez-le pour vous car c'est grâce à cela que nous avons une longueur d'avance sur eux et que nous avons remporté cet énorme contrat avec DVLA l'an dernier. »

Tenez-les au courant de ce qui se passe dans votre industrie : vous pouvez peut-être souscrire un abonnement à un bulletin et à des magazines concernant votre industrie, des journaux et revues techniques – afin qu'ils pensent que vous partez du principe que ce qu'ils font les intéresse, qu'ils sont informés et qu'ils en savent peut-être plus. Cela les poussera à continuer d'apprendre et à vouloir en savoir davantage.

Encouragez-les à continuer d'apprendre et à vouloir en savoir plus.

RÈGLE 30

Ne vous croyez pas obligé d'avoir toujours le dernier mot

Oui, oui, je sais, c'est vous le patron, le manager – et, de surcroît, vous êtes un bon manager, si je puis m'exprimer ainsi – mais ne vous croyez pas obligé d'avoir toujours le dernier mot. Nous ne sommes pas des enfants dans une cour de récréation.

Si certains membres de votre équipe manifestent ouvertement leur désaccord avec vous, il peut y avoir deux raisons à cela : soit ils se sentent suffisamment confiants pour ouvrir un débat (et vous devriez apprécier cela), soit ils dépassent les bornes et vous ne faites pas preuve de suffisamment d'autorité pour les arrêter. Bref, ces disputes peuvent indiquer un dysfonctionnement dans votre management ou au contraire que tout va bien – vous seul pouvez en juger.

Si certains de vos collaborateurs dépassent les bornes et que vous soyez face à un problème de discipline, vous devez évidemment gérer cela en privé.

Sinon, n'oubliez pas que votre équipe est composée d'adultes. Vous devez laisser à chacun la possibilité de se conduire comme un vrai adulte,

---

Ce qui implique de ne pas être d'accord parfois, de se disputer et s'énerver. Ce genre de comportement ne pose pas de problème au sein d'une bonne équipe où les gens peuvent manifester leur désapprobation sans que personne n'en prenne ombrage. En revanche, une telle attitude ne peut évidemment pas marcher au sein d'une mauvaise équipe.

Il n'est pas toujours payant d'avoir le dernier mot, d'avoir toujours raison ou de toujours corriger les gens à propos de tout. Parfois, il vaut mieux laisser tomber, que ceux-ci aient raison ou tort. Sachez faire la différence entre ce qui est suffisamment important pour que vous deviez avoir le dernier mot, et ce qui ne l'est pas.

RÈGLE 31

Comprenez le rôle des autres

Je croyais autrefois que pour un être un bon manager, je devais être capable de faire mon travail – le management – mais également le travail de tous mes collaborateurs. Et je me disais probablement, au plus profond de moi-même, que je devais le faire aussi bien qu'eux, si ce n'est mieux. De ce fait, pensais-je, je pourrais en cas d'urgence prendre leur place et faire leur travail, et tout continuerait de fonctionner. Oui, je parie que vous l'avez pensé avant moi. Mais une question se faisait insistante : si je devais faire leur travail, qui donc ferait le mien ?

évidemment, la réponse est personne.

Bien sûr, il est essentiel d'avoir une compréhension pratique des différentes tâches de vos collaborateurs, mais vous devez comprendre que vous n'avez pas besoin d'être vraiment capable de les exécuter. Oui, vous avec besoin de renfort au cas où une crise surviendrait, mais vous n'êtes pas ce renfort. Vous êtes mieux là où vous vous trouvez c'est-à-dire en train de diriger. La meilleure manière de comprendre un rôle est de connaître les problèmes qu'il résout et comment il fonctionne.

Vous n'avez pas besoin de savoir le faire aussi bien que la personne de l'équipe qui le fait – vous la payez pour cela.

Ce serait comme avoir des chiens de garde et aboyer quand même – vous avez besoin de connaître le travail du chien de garde, mais vous n'avez pas besoin de vous mettre à mordre les cambrioleurs pour le comprendre complètement.

En outre, vous employez souvent des gens pour des tâches tellement spécifiques que vous ne sauriez pas par quel bout les prendre. Vous pouvez être le manager d'une centrale électrique sans avoir besoin pour autant de savoir calculer la durée de vie du plutonium. Mais vous devez savoir que l'un de vos employés effectue ce travail pour vous.

Il est également important que chacun des membres de votre équipe ait une idée de ce que font tous les autres. Cela contribue sans aucun doute à la création d'un esprit d'équipe et d'un sentiment de loyauté.

RÈGLE 32

Assurez-vous que vos collaborateurs savent exactement ce qu'on attend d'eux

Il est aisé de fournir à quelqu'un un descriptif de poste et un contrat, de se rasseoir et d'attendre qu'il se mette au travail. Malheureusement, un tel comportement engendre beaucoup de confusions et de temps perdu. Il vaut mieux faire savoir aux gens, dès le départ, ce qu'on attend d'eux.

Et qu'attend-on d'eux? Eh bien, cela va très au-delà du travail en soi. Vous devez réfléchir, pour chaque poste individuel, à ce que vous attendez exactement de la personne qui l'occupe.

Il est vital que les gens sachent quel rôle ils jouent dans tout plan stratégique et ce que l'on attend d'eux en termes de résultats. Il est essentiel que les membres d'une équipe connaissent les valeurs et les normes de leur équipe et de leur société et ce que l'on attend d'eux en termes d'attitude et de comportement (être ouvert? honnête? imaginatif? humain? dynamique?). Ils doivent avoir compris ce qu'on exige d'eux en termes d'implication dans l'équipe, de ponctualité, d'heures supplémentaires, de comportement à l'égard de leurs collègues, de gestion de crise – et tout le reste.

Faites savoir aux gens, dès le départ, ce que vous attendez d'eux.

Si vous venez de recruter de nouveaux collaborateurs, leur intégration sera facilitée si vous mettez en place un système de coéquipiers dans lequel chaque nouveau est pris en charge par un employé plus expérimenté qui pourra le mettre au courant.

Pendant que j'y suis, je vous livre quelques conseils sur les relations au travail. Il n'est que justice que les gens sachent ce qu'on attend d'eux en toute situation – vous ne pouvez pas passer un savon à un employé parce qu'il a fait l'amour dans le placard à balais si personne ne lui a expliqué clairement que cela ne se fait pas : « Mais on n'arrêtait pas à mon ancien travail et personne ne s'est plaint », pourrait-il vous répondre à juste titre.

RÈGLE 33

Formulez clairement vos attentes

J'ai travaillé avec un manager très lunatique. Par moments, cette femme était détendue, et toute son équipe était très productive, dans la bonne humeur. Parfois, les membres de l'équipe s'amusaient comme des fous, ce qui permettait de faire régner une bonne ambiance, et cela ne lui posait aucun problème, tant que c'était avec modération. Par contre, quand elle était stressée, on risquait de se faire arracher la tête pour avoir ri un peu trop fort.

J'ai bien dit : par moments, cette femme était détendue. Les membres de son équipe, eux, ne l'étaient jamais. Ils ne savaient pas de quelle humeur elle était. Par conséquent, ils étaient perpétuellement tendus. Allait-elle se satisfaire d'un rapport mal présenté mais contenant l'ensemble des données demandées ? Ou bien aurait-elle préféré attendre le lendemain pour avoir un document parfaitement présenté ? Pouvait-on accomplir une tâche administrative, pour une procédure spécifique, en version abrégée ? Ou bien fallait-il remplir les documents en trois exemplaires, avec des points sur chaque i et des barres sur tous les t ? Difficile à dire – en réalité, tout dépendait de quel pied elle s'était levée le matin.

Et comment réagissait l'équipe ? Eh bien, si vous avez déjà eu un manager de ce genre, vous connaissez la réponse. L'équipe était plutôt démoralisée, et la qualité du travail fourni assez disparate.

Ce qui n'étonnera personne, puisque le niveau d'attente de leur manager l'était tout autant.

Si votre équipe ne sait pas quel niveau de qualité vous attendez, comment pourrait-elle chercher à être à la hauteur? Elle attend de vous que vous fixiez le niveau. Si vous ne le faites pas, elle ne sait pas où elle va et elle ne sait pas comment y aller. Il faut être cohérent dans la définition des performances que vous attendez.

Ce qui est inacceptable un lundi à 10 heures doit rester inacceptable un vendredi à 16 heures.

Si des formulaires doivent être remplis d'une certaine manière, il doit en être ainsi tous les jours de la semaine.

On jugera déraisonnable un manager qui a une attente standard, et qui tout d'un coup, sans raison valable, en attend davantage. Il est tout aussi injuste de laisser, un jour, les gens s'en sortir en assurant un travail de qualité moindre, juste parce que vous êtes d'humeur clémente. Se comporter ainsi ne revient pas à être sympa. Cela sème la confusion dans les esprits. Et vous échouez dans votre tâche, qui est de veiller à ce que l'équipe fournisse toujours un travail de haut niveau. Est-il juste de laisser un membre de votre équipe s'en sortir avec un document mal présenté quand son collègue a été prié de produire un document impeccable la semaine précédente? Non. Le seul moyen de garantir une bonne ambiance au sein du groupe et d'assurer des performances toujours au top, c'est d'être cohérent dans le niveau de qualité exigé.

Et si nous en reparlons la semaine prochaine, soyez certain que je vous dirai exactement la même chose!

RÈGLE 34

Utilisez les techniques de motivation par le renforcement positif

Lorsqu'un de vos collaborateurs fait quelque chose de bien, dites-le-lui. Et répétez-le-lui. Et encore. Continuez. écrivez-le. Envoyez-lui un mémo – quelque chose qu'il puisse conserver. Parlez-en dans le bulletin interne de la société. Inscrivez une note dans son dossier. Débrouillez-vous comme vous voulez, mais assurez-vous que cela soit largement diffusé. Voilà une méthode rapide et peu onéreuse (ce qui est important compte tenu de vos contraintes budgétaires) de vous montrer élogieux et de motiver votre équipe (et les individus qui la composent, bien sûr), qui permet à tout le monde de savoir que vous surveillez ce qui se passe, que vous remerciez et encouragez les gens.

Lorsque vous félicitez les gens, faites-le avec simplicité.

S'ils ont travaillé tard pour pouvoir faire partir une commande, dites-leur : « Merci d'avoir travaillé tard, nous n'y serions pas arrivés sans vous. En répondant de manière positive à une situation difficile, vous avez beaucoup facilité le travail de tout le monde (le mien en particulier). Merci[1]. » C'est beaucoup plus facile à dire que « le 7 au soir, nous vous avons demandé de prendre un tour supplémentaire de service, ce que vous avez réalisé de manière conforme à nos espérances, ce pour quoi nous vous faisons part de notre gratitude, bla, bla, bla… ».

Faites savoir à vos collaborateurs pourquoi vous les remerciez – vous avez facilité mon travail – plutôt que de vous contenter de les remercier de ce qu'ils ont fait – vous avez pris un tour supplémentaire de service.

Soyez personnel. Dites « je » et « nous » et non « la direction ». Et dites « Merci » de votre manière habituelle. « Je voudrais vous remercier » sonne tellement mieux que « La direction souhaiterait vous exprimer sa gratitude » – personne ne parle comme cela.

Procédez aux félicitations dès que le travail est accompli, et non une semaine après – n'attendez pas plus tard que le lendemain. Et agissez de la sorte chaque fois que vos collaborateurs font quelque chose qui excède leur tâche normale. Si on leur demande toutes les semaines de prendre un tour de service supplémentaire, cela fait partie des caractéristiques de leur poste. Vous devez remercier vos collaborateurs quand ils font quelque chose qui sort du cadre normal.

En renforçant de cette manière les comportements positifs, vous êtes presque assuré que vos collaborateurs se dépasseront à nouveau. Si vous ne remarquez pas les prouesses de vos collaborateurs, si vous ne les commentez pas, si vous ne félicitez pas, et il y aura de grandes chances que ceux-ci cessent de se donner du mal : qui pourrait le leur reprocher?

---

1. Renforcez votre message en répétant *merci*.

RÈGLE 35

N'essayez pas de justifier les systèmes stupides

Je prenais le train l'autre jour lorsque nous avons eu un problème, relativement simple. Quelqu'un, au buffet, avait touché aux portes de sécurité et déclenché une alarme – ou autre chose. Le train s'est arrêté – probablement à juste titre – mais il est resté stationné dans un tunnel très long. Le train ne pouvait plus bouger tant que le problème n'était pas résolu, ce qui nécessitait de trouver le chef du train afin qu'il réinitialise le système d'alarme en place. Rien de bien compliqué.

J'étais très en retard pour une réunion et, du coup, j'ai demandé s'il n'y avait pas de meilleur système – par exemple laisser le personnel du buffet réinitialiser le système d'alarme. Le chef du train a passé environ vingt minutes à justifier la procédure existante, expliquant qu'elle était la plus appropriée pour tous les intéressés : pour lui, pour le personnel du buffet, pour l'administration ferroviaire, pour tout le monde sauf moi le pauvre passager. Il eût mieux valu qu'il dise : « Oui, cette procédure est inutile et j'en parlerai pour qu'on la modifie, merci de votre commentaire. »

N'essayez pas de duper vos employés en leur faisant croire que dans l'entreprise, tout est extraordinaire.

Je parie qu'il existe des dizaines de systèmes inutiles au sein de votre entreprise – nous en avons tous. Mieux vaut ne pas chercher à les justifier. Si vous ne pouvez pas les changer, faites avec, mais n'essayez pas de duper vos employés en leur faisant croire que tout est extraordinaire. Ce n'est pas le cas et vous perdriez leur respect et leur confiance en cherchant à les convaincre que tout va bien, alors qu'ils savent pertinemment que c'est faux.

Je ne dis pas que vous devriez vous promener en vous plaignant haut et fort de tout ce qui ne va pas dans votre société ; au contraire, ce serait aller droit dans le mur. Souvenez-vous : lorsqu'on n'a rien de bien à dire, mieux vaut se taire. Simplement, ne tentez pas de justifier quelque chose qui est stupide, en particulier auprès de votre équipe.

RÈGLE 36

Soyez prêt à dire oui

Le bon manager – autrement dit, vous – essaie d'innover, c'est-à-dire de ne pas faire toujours les choses de la même manière. Il s'agit de troquer le mécanisme par défaut qui vous fait dire « Non, nous ne faisons pas cela comme ça » par « Voilà une idée intéressante. Comment pourrait-elle fonctionner? ».

Qui plus est, vous devez encourager les gens à avoir de nouvelles idées, et en avoir vous-même. Essayez les idées. Prenez chaque semaine une nouvelle idée et donnez-lui sa chance. Cela peut être quelque chose de très simple : « Nous aimerions, s'il vous plaît, un plus grand choix de biscuits pour accompagner notre thé »; ou quelque chose de plus radical : « écoutez les gars, nous allons tester une approche complètement nouvelle des ventes et de la distribution. »

De toute évidence, il est raisonnable de commencer par essayer les plus petites idées, afin de vous assurer que votre équipe s'en sort, et de passer par la suite aux idées plus radicales. Allez-y doucement.

Et au rythme où vous introduisez de nouvelles idées, poussez votre équipe à en faire autant dans son propre travail, afin qu'elle conserve son enthousiasme.

Lorsque tout le monde a, chaque semaine, une nouvelle idée, cela fait beaucoup de nouvelles idées à la fin de l'année.

« Je pensais juste que je pourrais accélérer le procédé en… » « Ouah, je pourrais me servir de cette idée, l'adapter à mon poste de travail et alors… » « Ouais, et je parie que cela les intéressera vraiment à la comptabilité parce que cela pourrait accélérer l'ensemble de… » Et ainsi de suite.

Le plus gros défi ? Faire jouer le jeu à votre équipe ; en effet, l'être humain se montre naturellement réticent au changement. Si vous vous essoufflez, votre équipe tout entière s'essoufflera aussi. Si vous entretenez la passion, celle-ci se communiquera à toute votre équipe qui ne saura plus s'en passer. Croyez-moi. Faites-moi confiance. Je sais que vous avez déjà suffisamment à faire, mais nous parlerons bientôt de délégation et cela vous libérera un peu de temps. Alors vous aurez plus de temps pour faire cela, ce qui d'une certaine manière relève de votre vrai travail – diriger.

Encouragez l'innovation. Récompensez les bonnes idées. Créez une culture où l'on reconnaît les idées (même si elles ne sont pas adoptées) et où on les valorise.

RÈGLE 37

Apprenez à vos collaborateurs à vous apporter des solutions, pas des problèmes

Il est terriblement facile pour les membres d'une équipe de se plaindre. Je pense que cela finit par devenir une habitude. Vous devez apprendre à vos collaborateurs à ne pas se contenter de gémir. Vous pouvez autoriser les récriminations, mais insistez pour qu'ils vous proposent une solution lorsqu'ils vous font part d'un problème. L'idée que quelque chose ne va pas devrait toujours être accueillie par un « Et qu'aimeriez-vous que je fasse? ». Lorsque les gens se plaignent, recevez-les d'un « Que pensez-vous que nous devrions faire? ».

Le meilleur manager avec lequel j'aie jamais travaillé poussait cela encore plus loin et nous demandait de parler de la solution d'abord – puis de le laisser deviner quel pouvait être notre problème. Il en fit un jeu, plutôt drôle, mais qui nous obligeait à réfléchir vite – nous forçant à aborder différemment les problèmes. Un jour, je rencontrais des difficultés avec le personnel de la sécurité. Je pensais qu'ils effaçaient les séquences enregistrées par les caméras de sécurité, sans les regarder, ce qui était interdit. Cela me concernait car en cas de problème, j'aurais payé les pots cassés. J'avais besoin qu'ils regardent les enregistrements avec attention, mais ne parvenais pas à trouver la solution – et je ne pouvais pas me contenter d'aller voir mon patron et de me plaindre du fait que le personnel de la sécurité n'accomplissait pas sa tâche correctement. Il fallait que je trouve une solution d'abord.

Il me vint tout à coup à l'esprit que je n'avais pas besoin d'en référer à mon patron. Je pouvais me débrouiller tout seul. Il suffisait de m'assurer que le personnel de sécurité pense qu'il y avait quelque chose d'intéressant à voir. J'ai donc glissé qu'on m'avait signalé que certains membres du personnel avaient des relations sexuelles quelque part sur le lieu de travail. Il était possible que cela ait été enregistré par les caméras, mais personne ne savait laquelle. Il y avait des caméras dans le parking, les bureaux, les couloirs, les entrepôts dans les sous-sols. Résultat? Les types de la sécurité commencèrent à regarder les séquences, comme si leur vie en dépendait. Mon patron était ravi car la sécurité faisait partie de mes responsabilités et il avait remarqué que quelque chose clochait et s'apprêtait à me réprimander. J'étais parvenu à trouver une solution sans me contenter d'aller gémir auprès de mon patron : « Oh, les gens de la sécurité font mal leur travail. »

évidemment, il a fallu que je trouve autre chose une fois que les gens de la sécurité réalisèrent qu'ils ne verraient pas d'images cochonnes – mais cela leur prit longtemps et ils continuèrent à revenir dessus, juste au cas où…

L'idée que quelque chose ne va pas devrait toujours être accueillie par un : Et qu'aimeriez-vous que je fasse?

2.
Gèrez-vous vous-même

Voilà donc les règles fondamentales pour encadrer une équipe. Bien évidemment la plupart des managers disposent d'une équipe à encadrer. Mais tous doivent également se gérer – autrement dit, vous devez vous gérer. Aussi les règles qui suivent s'appliquent-elles à vous. Elles ont pour objet de vous aider à devenir plus efficace et plus efficient.

Croyez-moi, je sais qu'il est déjà difficile de s'en sortir sans, en plus, essayer de s'améliorer.

Dur travail que celui de manager, parce qu'il comporte toujours deux tâches à la fois. Vous devez faire votre propre travail et vous occuper de votre équipe. Plus nous grimpons dans la hiérarchie, plus nous nous éloignons de nos fonctions d'origine. Et souvent personne ne se préoccupe de nous former aux réalités de notre nouveau travail – le management. Bien sûr, nous suivons des cours étranges – et certains sont vraiment étranges : je peux vous en parler pour avoir fait des ponts en Lego™, des puzzles côté verso, participé à des week-ends de canoë, le tout sous couvert de formation au management – mais nous ne nous formons pas spécifiquement au management. Le management nous vient, en quelque sorte, au fur et à mesure. Il existe bien sûr quelques bons managers instinctifs, mais invariablement nous avançons en trébuchant, ramassons ici et là astuces et idées bizarres – au petit bonheur la chance.

Et une grande partie de ce qu'on nous enseigne est évident. Je vous transmets dans cet ouvrage ce qui est non écrit – ce que vous n'apprendrez pas pendant les week-ends de canoë.

RÈGLE 38

Travaillez dur

La règle fondamentale du management, j'en ai peur, est que le travail de fond doit être fait et bien fait ; travaillez dur pour cela. Il n'est pas suffisant d'être un fantastique meneur d'hommes si vous laissez le travail de fond partir à la dérive. Vous devrez peut-être arriver le premier au travail, plus tôt que vous n'y êtes jamais allé, mais cela fait partie de votre rôle.

Vous devez vous y mettre.

Une fois votre travail accompli, vous pouvez vous concentrer sur l'encadrement de votre équipe. La paperasserie doit être traitée de manière efficace et en temps voulu. Je ne tiens pas à faire de longs développements sur la gestion du temps et autres sujets de ce genre, mais en gros vous devez vous montrer :

- organisé ;
- sérieux ;
- d'une efficacité redoutable ;
- concentré.

Vous n'avez pas le choix, j'en ai peur. Vous devez vous y mettre. Le management ne consiste pas à se balader tout en donnant des ordres et en paraissant calme. Il tient, en réalité, à tout ce qui se passe en arrière-plan. Le travail qui se fait lorsque personne ne le remarque.

Si vous souhaitez savoir si vous êtes aujourd'hui un bon manager, regardez votre bureau. Allez-y. Maintenant. Que voyez-vous? De l'espace et de l'ordre? Des papiers et des piles de dossiers non classés? Faites-en de même avec votre cartable, vos dossiers et même votre ordinateur. Ordre ou désordre?

Servez-vous de n'importe quel outil à portée de main pour vous assurer que le travail est fait, bien fait et en temps voulu. Faites des listes, utilisez sur votre ordinateur les calendriers avec rappels automatiques, déléguez, cherchez de l'aide, couchez-vous tard, levez-vous tôt, levez-vous encore plus tôt – évidemment vous devez toujours vous soumettre à la règle 71 : rentrez chez vous, vous devez avoir une vie personnelle. Mais débrouillez-vous pour que le travail soit fait et apprenez à vous montrer redoutablement efficace.

RÈGLE 39

Établissez des normes

Si vous arrivez en retard, en traînant des pieds, si vous vous disputez avec vos clients, si vous vous montrez irrespectueux et produisez un travail de mauvaise qualité, la situation a toutes les chances d'être catastrophique pour votre équipe. Si, en revanche, et j'imagine que c'est votre cas, vous arrivez plutôt en avance qu'à l'heure, accomplissez bien votre travail et en temps voulu (voir règle 35), vous comportez comme un être humain convenable, honnête et civilisé et faites bon usage de votre talent, il y a des chances que votre équipe parvienne au sommet.

Tout le monde a besoin d'avoir quelqu'un à admirer, quelqu'un à respecter et à imiter. Désolé, mon gars, mais c'est de vous que l'on parle. Lourde tâche, je sais. Vous pensiez le temps des héros révolu ? Alors réfléchissez de nouveau. Chaque membre de votre équipe entretient une relation particulière avec vous. Vous êtes leur leader, leur inspiration, leur patron (un mot à vous faire frémir, mais c'est pourtant ce que vous êtes), leur mentor, leur guide, leur enseignant, leur héros, leur modèle, leur champion, leur défenseur, leur protecteur. Pour arriver à être tout cela, vous devez montrer l'exemple. Vous devez jouer le jeu. Vous devez établir des normes. Vous devez servir de modèle.

En réalité, pourquoi s'en feraient-ils si vous n'en avez rien à faire ? Vous devez montrer l'exemple dans tout ce que vous faites. Réfléchissez avant de parler. Pensez à la manière dont vous réagissez. Les « Faites ce que je dis, pas ce que je fais » ne marchent pas. Soyez ce que vous voulez voir en eux.

Vous devez aussi aller au-delà et faire monter les enchères. Si vous devez construire une machine à voyager dans le temps, alors servez-vous pour cela d'une DeLorean.

« Vous devez donner à votre équipe des aspirations et des buts à atteindre. »

Dans l'idéal, vous ferez preuve de style, de perspicacité, de quelques soupçons d'originalité qui vous distinguent de la meute – nous pensons à Lauren Bacall et Cary Grant, et non à Meatloaf et Madonna dans ses débuts[1].

Vous devez observer le rôle, jouer le rôle, être le rôle. Voilà une méthode de jeu simple : sentez-vous manager, pensez en manager, soyez le manager.

1. Ne le prenez pas mal, tous deux sortent d'excellents albums et sont d'incroyables rock stars, mais ils ne valent rien comme modèle de manager.

RÈGLE 40

Amusez-vous

Je ne vais pas mâcher mes mots. Si vous n'aimez pas ce que vous faites, alors partez et laissez la place à quelqu'un qui, lui, aimera ce qu'il fait. La règle 38 remet les choses en perspective, mais dans l'immédiat vous devez vous sentir à l'aise dans ce que vous faites. Aimer son travail consiste à prendre plaisir au travail bien fait, sourire de l'intérieur, trouver à rire de n'importe quelle situation et ne pas prendre les choses trop sérieusement (non, cela ne vous autorise pas à rire des gens ou à ne pas accomplir votre travail avec la plus grande exigence).

Aimer le travail consiste à voir vos fonctions, votre rôle, dans un contexte beaucoup plus grand. Vous pouvez travailler dur tout en y prenant plaisir. Vous pouvez être productif, utile, efficace, assidu, pondéré, fiable et responsable – et pourtant vous amuser. Cela ne tient qu'à vous. Personne ne vous a demandé de vous montrer grave et tendu. Vous n'avez été embauché que pour faire votre travail.

Mais voici le meilleur : si vous apprenez quand être sérieux et quand vous détendre et rire d'une situation, vous constaterez l'effet magique produit sur votre entourage.

Et, si vous travaillez dans un endroit où la règle est de se montrer grave et tendu, voici un secret rien que pour vous : personne n'a la moindre idée de ce qui se passe dans votre tête. Personne. Tant que votre apparence ressemble à ce qu'on attend de vous, vous pouvez être intérieurement ce que vous souhaitez.

Personne ne vous a demandé d'être grave et tendu. Vous n'avez été embauché que pour faire votre travail.

RÈGLE 41

Ne vous faites pas de souci

Lorsque cela devient trop dur, rappelez-vous que ce n'est qu'un boulot. Bien sûr, un boulot auquel nous tenons et que nous essayons de faire du mieux possible. Un boulot dont nous nous soucions et auquel nous pensons lorsque nous ne sommes plus au bureau. Un boulot que nous voudrions mieux accomplir, améliorer, et faire de manière plus efficace.

Mais en fin de compte, ce n'est qu'un boulot.

Regardez autour de vous. Vous verrez que certains pensent que sans eux la Terre s'arrêterait de tourner ou que ce qu'ils font est essentiel au bien-être de l'humanité tout entière. Rien n'est plus faux. Surtout prenez plaisir à votre travail. Faites-le sérieusement et donnez tout ce que vous pouvez, mais n'oubliez pas que ce n'est qu'un travail et que vous pouvez en changer ou être remplacé : la Terre n'en continuera pas moins de tourner.

Ne vous faites pas de bile, ce qui ne signifie pas ne pas vous soucier de votre travail ou ne pas être fier ou content de ce que vous faites, mais remettez les choses en perspective, puis rentrez chez vous et déconnectez-vous. Ne laissez pas votre travail vous ronger, vous rendre maladivement stressé ni vous pousser à bout.

Si votre travail est une source de stress négatif, pensez à quelque chose qui compte pour vous. Vos enfants, votre chien, votre mère.

Vos vols en parapente pendant le week-end. Je ne sais pas ce que vous faites de vos loisirs, mais trouvez quelque chose qui a de l'importance pour vous et servez-vous en pour passer ces moments difficiles au travail. Utilisez cela pour relativiser et voir qu'il existe des choses plus importantes que le travail.

Vous pouvez même y penser pendant la journée, pour vous aider à affronter les heures de travail – à condition, promettez-le moi, de le faire uniquement aux moments où vous n'êtes pas censé vous concentrer sur votre mission. À la pause déjeuner, quand vous marchez vers un autre bâtiment, voire même quand vous allez aux toilettes, pourquoi ne pas faire un break et s'évader pour penser à ce qui compte vraiment?

Bien sûr, réfléchissez aussi aux raisons pour lesquelles votre vie professionnelle vous déprime et trouvez un plan pour améliorer les choses. Avez-vous besoin de réduire vos horaires, de régler des conflits au sein de l'équipe, de signer un contrat, de boucler votre budget?

Si c'est le cas, faites le nécessaire et retrouvez le plaisir du travail.

RÈGLE 42

Sachez ce que vous êtes censé faire

Alors, qu'êtes-vous censé faire ? Il est très facile de croire que vous le savez, mais en êtes-vous certain ? De même, lorsque votre patron dit « Je veux que cela soit fait aussi vite que possible », cela semble facile, non ? Eh bien, en réalité, ça ne l'est pas. Qui juge de ce que veut dire « aussi vite que possible » ? Vous ? Votre patron ? Faut-il comprendre dans « Je veux » un souhait ou un ordre ? Et même le mot « fait » peut donner lieu à de multiples interprétations. Je me montre pointilleux et pédant, car je cherche ici à illustrer mes propos. Vous savez que vous disposez d'une équipe et que vous devez l'encadrer. Vous savez que vous avez un budget à respecter, des chiffres et des objectifs à atteindre. Vous savez que vous disposez d'une stratégie tournée vers l'avenir et que vous aimeriez la mettre en œuvre. Vous savez que vous avez un contrat et un descriptif de poste.

Quelle est votre priorité ? Quel est le point limite ? Quel est l'objectif ?

Y a-t-il eu des changements récents (la direction change parfois d'avis en espérant que vous l'appreniez par télépathie) ?

J'ai travaillé autrefois pour un manager senior qui, selon les apparences, voulait que mon équipe réussisse et soit productive, mais qui semblait toujours me mettre des bâtons dans les roues. Chaque fois que je souhaitais faire des changements qui auraient considérablement amélioré nos chiffres, il hésitait, retardait le projet et ne voulait pas prendre de décisions. Je n'arrivais pas à comprendre ce que j'étais censé faire. Je voulais diriger le service pour son compte du mieux possible, mais il semblait me mettre des obstacles. J'ai fini par découvrir qu'un autre service – dirigé par un de ses parents – était supposé l'emporter sur moi. Je ne pouvais pas être un golden boy parce qu'il réservait ce rôle à son jeune neveu. Il voulait que j'échoue pour pouvoir mettre le jeune Sam en valeur. J'étais supposé être inutile. Une fois cette information en main – autrement dit, ce que j'étais censé faire –, j'ai pu travailler de manière utile. Donc, vous devez savoir ce que vous êtes censé faire.

RÈGLE 43

Sachez ce que vous faites vraiment

Dans *Pirates des Caraïbes: la malédiction du Black Pearl*, quelqu'un dit à Johnny Depp qu'il ne pourra jamais naviguer avec seulement deux hommes d'équipage. Ce dernier se contente de répondre qu'il est le capitaine Jack Sparrow. « Vous pigez? » Si vous aussi, vous savez qui vous êtes et où vous allez, alors vous êtes un pirate. C'est sûr.

Alors que faites-vous? Cette règle importante est pourtant souvent négligée. Allez-y, répondez, que faites-vous?

Pour répondre à cette question, vous devez disposer de plans à moyen et long termes.

Sans plan, vous n'avez pas de carte. Sans carte, vous ne découvrirez jamais le trésor.

Si vous savez qui vous êtes et où vous allez, vous êtes bien en réalité le capitaine Jack Sparrow – vous êtes un pirate, que cela se sache.

Alors êtes-vous en train de préparer vos futures promotions? d'attendre votre heure jusqu'à ce que vous décidiez quoi faire? de compter les jours qui vous séparent de votre retraite? de rassembler des informations pour pouvoir partir chez un concurrent et les mettre à profit? d'attendre d'être contacté par un chasseur de têtes? d'en apprendre plus sur l'industrie pour laquelle vous travaillez pour pouvoir changer de division? de bien vous amuser? de faire de la démolition pour le compte de la direction et de licencier un tiers du personnel[1]? de vous donner du mal pour que la direction générale vous remarque? de travailler dur juste pour faire du bon boulot et garder une longueur d'avance? de construire un réseau social avec lequel vous vous amuserez? de voler des idées, des ressources, du personnel et des machines pour monter votre propre affaire concurrente (oh, j'ai déjà vu des personnes se comporter ainsi et elles ont très bien réussi – elles savaient vraiment exactement ce qu'elles faisaient)?

Il n'y a pas de bonnes ou de mauvaises réponses ou plutôt si. Si vous répondez : « Je n'en ai pas la moindre idée », c'est une mauvaise réponse. Vous devez savoir ce que vous faites vraiment, et non pas ce que vous êtes censé faire ni ce que vous aimeriez faire, ni ce que votre société pense que vous faites. Vous devez savoir ce que vous faites en réalité. Une fois que vous saurez cela, vous pourrez accomplir des miracles, car vous disposerez d'une information secrète. Celle-ci est peut-être connue de tous ou de personne. Mais vous la connaissez et c'est ce qui compte.

Maintenant jetez rapidement un coup d'œil sur votre équipe et dites-moi ce que fait vraiment chacun. Croyez-moi ; c'est un excellent exercice.

---

1. Je connaissais le directeur général d'une grosse entreprise dans l'ingénierie qu'on avait fait venir des États-Unis pour faire exactement cela. Le personnel le savait. Il fut hué et sifflé lors du premier grand rassemblement du personnel. Il tient bon et se contenta de dire : «Je ne suis pas l'ennemi, c'est le retournement des affaires. Je ne suis pas l'ennemi alors ne me criez pas dessus.» Cela a marché comme sur des roulettes.

RÈGLE 44

Sachez que votre temps est précieux

Quand j'étais un jeune manager junior, j'ai assisté à une réunion qui n'en finissait pas, sur la question si oui ou non, il fallait acheter un équipement jugé trop cher par certains participants. J'avais donné mon avis sur la question (comme tout le monde autour de la table, mais certaines personnes tenaient visiblement à le donner plusieurs fois). Alors, pour faire passer le temps, j'ai calculé rapidement, sur un bout de papier, le total du coût horaire de tous les participants. Je connaissais plus ou moins le salaire de chaque personne, mon estimation était donc assez précise. Fait intéressant, la demi-heure passée à discuter de cet achat a coûté presque deux fois plus cher que l'équipement !

En tant que manager qui respecte les Règles d'or, vous devez savoir ce que vaut votre temps, et garder en permanence cette considération à l'esprit. Le calcul est très simple : divisez votre salaire annuel par 52 semaines, puis chaque semaine par le nombre d'heures travaillée par semaine. La partie plus difficile – mais c'est une question d'habitude – c'est de vous assurer régulièrement que ce que vous êtes en train de faire est une bonne utilisation de votre temps.

Dans beaucoup d'entreprises, les salaires constituent le principal poste de dépenses. Et même dans celles où ce n'est pas le cas, cela représente malgré tout des sommes importantes. C'est un point sur lequel vous avez le contrôle, du moins en ce qui vous concerne. Par conséquent, demandez-vous si ce que vous êtes en train de faire est un bon investissement de votre temps. Si la réponse est non, soyez impitoyable et passez à autre chose.

Les gens qui vous font perdre du temps font également perdre de l'argent à votre employeur, car votre rémunération serait utilisée plus efficacement si vous faisiez autre chose. Par conséquent, il est de votre devoir de les en empêcher, avec fermeté (tout en restant poli, bien sûr).

Soyez tout aussi ferme avec vous-même, lorsque vous vous surprendrez à reporter à plus tard une tâche à accomplir tout de suite, à perdre du temps, à attendre, à faire des choses inutiles, à papoter avec des collègues, à travailler de manière inefficace, etc.

L'entreprise vous fait confiance en investissant son argent dans votre salaire, de manière aussi rentable que possible. Ne la décevez pas.

L'exercice est également utile lorsque vous avez différentes tâches à accomplir. Faut-il assister à cette réunion ou terminer ce rapport? Demandez-vous ce qui produira le meilleur retour sur investissement. Et vous aurez la réponse.

RÈGLE 45

Montrez-vous proactif, et non pas réactif

Je sais, je sais, faire votre travail, ranger la paperasse, arroser les plantes, vous prend déjà tout votre temps, alors où trouver le temps de penser au futur ou de vous montrer un as de l'innovation. Mais le manager malin – que vous êtes – doit se réserver trente minutes par semaine pour planifier le futur. Essayez de vous poser des questions simples : « Comment puis-je générer plus de ventes? », « Que puis-je accomplir plus rapidement? », « Comment puis-je fidéliser le personnel? », « Comment puis-je transformer plus de prospects en clients? », « Comment pourrais-je rationaliser la procédure comptable? », « Comment pourrais-je changer de secteur? », « Comment pourrais-je faire travailler mon équipe plus dur, plus vite et plus intelligemment? », « Comment pourrais-je les inciter à tenir plus volontiers des séances de brainstorming? », « Comment pourrais-je tenir des réunions où l'on perdrait moins de temps? ».

Selon un vieux dicton, « Si vous faites toujours ce que vous avez toujours fait, vous obtiendrez toujours ce que vous avez toujours obtenu ». Et, bon sang, c'est vrai. Si vous ne vous montrez pas proactif, vous stagnerez. Et, si vous stagnez, vous vous ferez mordre les fesses par un crocodile. Vous devez continuer à patauger, à avancer dans l'eau. Les requins doivent, toute leur vie, avancer en permanence pour permettre à l'eau de circuler dans leurs ouïes. Ils ne s'arrêtent jamais.

> Comportez-vous comme un requin. Avancez en permanence. Sinon beaucoup seront ravis d'avancer à votre place.

Et, croyez-moi, je sais à quoi ressemble la journée d'un manager. Vous ouvrez votre boîte de réception électronique ; elle est remplie de courriels à traiter. Puis il y a le courrier. Puis les affaires de personnel. Puis le déjeuner. Puis le travail de l'après-midi à faire, suivi d'un moment d'intense panique pour que tout le courrier soit prêt à partir avant la dernière levée, puis une tasse de café rapide et, alors, il est presque l'heure de plier bagage et de rentrer. Et cet idiot me demande de consacrer trente minutes d'une journée bien remplie à réfléchir au futur. Il rêve !

Mais vous pouvez combiner ces trente minutes avec autre chose. Une fois par semaine, je déjeune seul et consacre ce temps à me montrer proactif, à penser au futur, à réfléchir aux moyens d'avoir une longueur d'avance sur mes concurrents. Mais je dois impérativement déjeuner seul, sinon les gens viennent interrompre ma séance de planification mentale.

RÈGLE 46

Soyez cohérent

Si vous deviez porter un costume élégant tous les jours et que soudain, sans avertir quiconque, vous arriviez au bureau en jeans et T-shirt usés, il y aurait de grandes chances qu'on vous regarde d'un œil désapprobateur[1].

Si vous faites du bon travail et qu'un jour vous rendiez une pile d'inepties, les gens croiront que vous avez perdu la tête.

Si vous vous montrez courtois avec vos employés mais qu'un jour vous piquiez une crise de nerfs et criiez après tout le monde, les gens ne vous feront plus confiance.

Si vous arrivez en général tôt mais que vous débarquiez un jour à midi en sentant la bière, les gens ne vous prendront plus au sérieux et vous traiteront d'alcoolique.

Les gens ont besoin de savoir ce qu'ils peuvent attendre de vous. Vous devez être cohérent. Vous devez traiter l'ensemble des employés avec cohérence. Travailler avec cohérence. Vous devez éviter d'attirer les ragots. Vous devez vous montrer exempt de blâmes, irréprochable (ce qui revient probablement au même), honnête, digne de confiance et sûr (ce qui, de nouveau, revient probablement au même).

1. Essayez, c'est drôle. Si vous ne savez pas ce que signifie *un œil désapprobateur*, vous verrez !

Mais vous n'avez pas besoin d'être terne, morne et ennuyeux. Vous pouvez vous montrer passionnant, dynamique, chic, audacieux, novateur, stimulant – mais quoi que vous décidiez d'être, assurez-vous simplement de vous y tenir et d'être invariablement cohérent.

RÈGLE 47

Fixez-vous des objectifs réalistes... et vraiment réalistes !

Nous ne parlons ici ni en termes de budget ni en termes d'objectifs de la société. Nous évoquons ici vos buts personnels, vos objectifs personnels, ce qui vous est essentiel. Vous devez les déterminer ou vous ne pourrez pas savoir si vous réussissez. Pendant que j'y suis, cela ne sert à rien de vous comparer à qui que ce soit. J'ai toujours souhaité être extrêmement bon en sport, mais je ne savais pas courir et j'ai échoué lamentablement. Cela m'a amené à me prendre pour un raté, jusqu'à ce que je découvre, un jour, qu'il existait un gène responsable des capacités sportives et qu'il devait me faire défaut. Suis-je un raté? Non, juste quelqu'un de génétiquement limité et je n'y peux rien. Je me débrouille bien pour d'autres choses et j'évalue ma réussite en fonction de:

- mes résultats de l'année dernière;
- mes résultats d'il y a cinq ans;
- mes objectifs personnels;
- mon plan à long terme.

Je ne me compare à personne car ce serait tomber dans un piège.

J'avais autrefois une moto – plutôt puissante, que j'aimais beaucoup. Un jour, alors que j'étais arrêté au feu à côté d'un autre motard, je me mis à examiner sa moto. « C'est cette moto que je voudrais », me disais-je sous mon casque. Mon voisin regardait ma moto et pensait manifestement la même chose. Lorsque le feu est passé au vert, nous avons démarré ensemble et j'ai alors réalisé que nous avions la même moto.

Ah, cher mental, comme tu sais nous mettre martel en tête, nous flageller et te moquer de nous.

Regardez les autres et vous trouverez sûrement quelque chose à leur envier, alors que vous n'avez pas la moindre idée de ce qui se passe en leur for intérieur. Comme on dit, faites un kilomètre à pied dans les chaussures de quelqu'un d'autre et vous vous retrouverez certainement un kilomètre plus loin ; mais puisque vous avez les chaussures, profitez-en pour vous sauver.

Donc, fixez-vous des objectifs, mais faites-le de manière réaliste. Vouloir être le maître de l'univers peut sembler impressionnant, mais est totalement irréaliste (sauf, peut-être, si vous êtes le président des États-Unis).

établissez des objectifs stimulants mais réalistes, accessibles en y mettant un peu d'effort – ils ne doivent être ni trop faciles ni trop difficiles à atteindre.

RÈGLE 48

Ayez une stratégie, mais tenez-la secrète

Personne ne sait ce qui se passe dans votre tête. Personne ne sait à quels sommets vous aspirez. Personne ne sait après quoi vous courrez vraiment; rappelez-vous, la règle 43: sachez ce que vous faites vraiment – de sorte que vous pouvez travailler sur votre stratégie tout en faisant votre travail.

Votre stratégie devrait comprendre des objectifs aussi bien à long terme qu'à court terme.

Quel poste souhaitez-vous occuper à court terme? Qu'avez-vous l'intention de devenir à long terme? Vous disposerez alors d'un moyen de mesurer votre réussite – où vous vous trouvez en réalité.

Pourquoi tenir cette stratégie secrète? parce qu'elle peut ne pas correspondre parfaitement à la stratégie de votre société, de la direction et de votre patron. Il s'agit d'une stratégie personnelle; gardez-la pour vous afin de protéger vos rêves, espoirs et aspirations – il n'y a rien de pire que quelqu'un qui vient jeter de l'eau sur vos pétards. Le management consiste, pour une très grande part, à afficher une façade. Il s'agit d'être capable de jouer son rôle, d'inspirer confiance, d'être suivi. Si les gens ont vent d'une stratégie qui vous éloigne de l'image rassurante du parfait manager, ils perdront confiance. Il se peut que vous envisagiez de vous mettre à votre compte, mais n'en parlez pas ou les gens penseront que vous êtes sur le point de partir, même si vous n'avez pas prévu de le faire avant quelques années. Si vous tablez sur des promotions rapides, les gens supposeront que vous évoluerez rapidement et cesseront de vous confier des projets à long terme au motif que vous serez promu bientôt. Et ainsi de suite. Cachez bien votre jeu et maintenez l'apparence de quelqu'un qui est dévoué, responsable, sérieux, diligent et stable – même si, en votre for intérieur, vous prévoyez révolution, ascension de l'Everest, conquête de l'empire.

RÈGLE 49

Débarrassez-vous des règles superflues

Ha, je vous entends d'ici penser : « Le voilà qui se tire une balle dans le pied. Se débarrasser des règles superflues dans un livre qui s'appelle Les 100 Règles d'or du management? » Eh bien oui, débarrassez-vous des règles superflues. Pas les miennes, bien entendu. Pas les vôtres non plus. Les leurs, bien évidemment. Faites savoir aux membres de votre équipe que vous êtes de leur côté et que vous allez rationaliser les procédures pour améliorer l'efficacité du travail de chacun. Autrement dit, faites en sorte de vous défaire des vieilleries.

Il existe, dans tout bureau, une montagne de paperasserie, de bureaucratie, de vieilles règles héritées de précédents régimes de management – débarrassez-vous-en. Mettez en question tout ce que vous et votre équipe faites et faites fonctionner les choses plus rondement et plus rapidement en jetant tout ce qui est redondant, inutile, dépassé. Ce travail équivaut à un grand nettoyage de printemps, un feng shui des procédures en quelque sorte.

Il est très facile de s'installer dans la routine et de cesser de voir les choses avec clarté, d'un regard neuf. Vous devez tous les jours vous rendre au bureau et voir les choses à la manière d'un consultant extérieur. Interrogez-vous :

Pourquoi faisons-nous ceci ? Pourquoi le faisons-nous ainsi ?

Je parie que vous trouverez beaucoup de choses inutiles à éliminer. J'ai travaillé autrefois pour une société dans laquelle chaque lettre devait être revue par la secrétaire senior, avant d'être envoyée. Cette femme était, c'est le moins qu'on puisse dire, une sorte de dragon, et si vous n'étiez pas dans ses petits papiers, vos lettres se retrouvaient tout en bas de la pile et y restaient. Pourquoi les lettres devaient-elles passer par elle ? Je n'ai jamais compris la raison de cette procédure. Mais j'ai dû me battre comme un damné pour me débarrasser de cette idiotie.

Rationalisez. économisez du temps. Rendez votre personnel plus heureux et plus digne de confiance. C'est facile, en réalité.

RÈGLE 50

Tirez la leçon de vos erreurs

Nous faisons tous des erreurs ; si nous n'en faisions pas, nous ne serions pas les managers merveilleusement créatifs et novateurs que nous sommes. Mais certains managers passent sur toutes les erreurs qu'ils commettent. Ils les dissimulent, les enterrent et les oublient. L'excellent manager que vous êtes ne fait pas cela. Vous ne vous flagellerez pas et ne vous complairez pas dans votre malheur, mais vous analyserez ce qui s'est mal passé, discuterez avec vos collègues des raisons pour lesquelles les choses se sont mal passées et préparerez un plan pour éviter que cela ne se reproduise.

Nos erreurs peuvent aller d'une évaluation mal tenue à une vente perdue, en passant par un rapport bâclé, une mauvaise utilisation du temps ou des ressources, un délai non respecté, etc. Lorsqu'on commence à énumérer le nombre d'erreurs possibles, la liste est sans fin.

Une fois l'erreur faite, ce qui compte, c'est de trouver la bonne manière de faire la prochaine fois.

Manager impose un apprentissage continu.

Ne jamais rester immobile et ne jamais croire tout savoir – ce n'est pas le cas et cela ne peut pas l'être. Mais vous pouvez disposer de collaborateurs dignes de confiance vers qui vous tourner et avoir de bons manuels sous la main pour vous diriger – en particulier si ces derniers sont courts, incisifs, énergiques et pratiques.[1]

Les erreurs sont géniales car elles nous apprennent non seulement où nous nous trompons, mais aussi comment réparer nos bêtises. Vous devenez un meilleur manager, disposez de plus d'expérience et d'un plus grand éventail de ressources lorsque vous faites quelques erreurs. Nous faisons tous des erreurs ; reconnaissez les vôtres, tirez-en un enseignement et avancez.

1 Voir, par exemple, Ros Jay, *Fast Thonking Manager's Manual*, Pearson Education, 2nd édition, 2004.

RÈGLE 51

Tenez-vous prêt à désapprendre : à situation nouvelle, solution nouvelle

Vous connaissez la chanson, vous avancez à un rythme de croisière, faisant ce que vous avez toujours fait et, soudain, vous ne réalisez pas vos chiffres, les ventes chutent, les rotations de personnel s'accélèrent, tout s'effondre. Pourtant, vous avez agi de la même manière que dans le passé. Vous déteniez la formule gagnante et soudain, elle ne fonctionne plus. Que faire ? Eh bien, pour commencer, comprenez que les choses qui marchent changent et qu'elles peuvent se modifier si vite qu'il sera déjà trop tard lorsque vous le réaliserez. Sachez-le, tenez-vous prêt et préparez-vous à vous adapter rapidement. Tenez-vous au courant :

- des dernières nouveautés dans votre métier ;
- des nouvelles technologies ;
- des nouvelles terminologies ;
- des nouvelles méthodologies ;

- des changements dans les ventes, les tendances du marché, le nombre de rotations du personnel, les objectifs et les budgets.

Ne vous sclérosez pas. Tenez-vous prêt, au besoin, à changer de direction. Le bon management consiste à s'adapter rapidement et habilement aux changements. Sinon, vous finirez de la même façon que les dinosaures.

Il en va de même pour beaucoup de choses – le mode d'encadrement du personnel, par exemple. Vous pouvez avoir utilisé une méthode qui a bien fonctionné pendant des années et qui soudain ne marche plus. Vous pourriez persévérer dans cette voie, mais vous risqueriez de perdre rapidement du personnel. Mieux vaut vous tenir prêt à désapprendre vos vieilles méthodes et en adopter de nouvelles. Peut-être avez-vous changé, sans vous en rendre compte, inconsciemment. Nous devons avoir conscience de ces changements insidieux.

Le bon management consiste à s'adapter rapidement et habilement aux changements.

RÈGLE 52

Arrêtez les bêtises, établissez des priorités

J'ai travaillé pour un manager qui adorait demander pour qui nous travaillions. Il hochait la tête lorsque nous répondions : « pour nous ». Il hochait la tête lorsque nous répondions : « pour vous. » Il hochait la tête lorsque nous répondions : « pour les administrateurs ». Et ainsi de suite. La seule bonne réponse, prétendait-il, était que nous travaillions pour les actionnaires. Et, continuait-il, la seule raison pour laquelle nous travaillions était pour le profit. Tout le reste n'était que du remplissage. Bien. Nous travaillons pour les actionnaires – quels qu'ils soient. Il peut s'agir de vous, si vous travaillez dans un « orchestre à une personne ». Il peut s'agir des administrateurs, si vous travaillez dans une entreprise familiale non cotée. Il peut encore s'agir de millions de petits individus qui ont tous investi.

Alors arrêtez les bêtises. Il n'existe qu'une seule raison d'être dans les affaires, quoi qu'on en dise : le profit ; faire de l'argent. Si vous faites vos chiffres, bien. Sinon, vous pouvez plier bagages. C'est aussi simple que cela. Vous disposez maintenant d'une mesure nette pour jauger tout ce que vous faites. Demandez-vous : « Est-ce que ceci contribue aux profits ou non ? » Si la réponse est oui, continuez. Sinon, laissez tomber.

Au bout du compte, il ne s'agit que de cela.

Pas d'argent, pas d'affaires. Pas d'affaires, pas de travail.

Pas de travail, pas d'emprunt, de voiture, de pain sur la table, de vacances en Toscane.

Je parie que si vous vous asseyez et examinez tout ce que vous faites, vous réaliserez qu'une grande partie de ce que vous faites est du remplissage. Il est temps d'établir vos priorités. Arrêtez les bêtises et consacrez-vous à une chose, une chose seulement : le résultat. Voilà ce qui sépare les managers vraiment malins comme vous de tous les autres. Cet objectif clair, cette vision, cette manière de vous y consacrer. ~~Vas-y Gollum, vas-y.~~

RÈGLE 53

Cultivez les relations qui comptent

Souvenez-vous toujours que ce qui compte, c'est les personnes que vous connaissez. Et en affaires, il y a les personnages influents et les fourmis. Vous devez savoir quelles personnes sont influentes et les soigner. Les hauts dirigeants disposent souvent d'une assistante qui fait barrage – vous ne pouvez pas parler à Dieu mais vous finissez par vous faire refouler par son bras droit. Vous devez vous mettre l'assistante dans la poche : cela signifie faire preuve de charme et de politesse, de tact et de discrétion, de stratégie et de ruse. J'ai travaillé autrefois pour un patron qui se servait d'une consultante en affaires comme d'une sorte d'assistante non officielle : elle faisait barrage et lui évitait d'avoir à parler à ses employés. On la surnommait Burton et tout le monde l'appelait Madame Burton à l'exception de la garde rapprochée du patron qui l'appelait JB.

Je me suis mis à l'appeler JB aussi : les premières fois, elle m'a regardé d'un air horrifié – je n'étais qu'un manager junior et je n'y étais pas autorisé. Mais c'est passé. Après quelques semaines, le patron m'a entendu l'appeler JB et a supposé que j'avais été admis dans le cercle d'intimes et de collègues proches de JB. Il commença à me confier plus de responsabilités, ce qui fit que JB se mit à me respecter puisque j'appartenais manifestement aux protégés du patron – et ils se réfléchissaient l'un l'autre, chacun imaginant que j'avais été admis par l'autre. J'ai ainsi reçu un traitement de faveur des deux.

Beaucoup de gens pensent que a) le système du réseau de relations n'existe plus, ou que b) s'il existe encore, il devrait disparaître, ou que c) s'il a disparu, un nouveau système l'a remplacé et qu'il n'importe plus d'avoir des relations, et/ou que d) le talent à l'état brut perce toujours.

Une partie de ce qui précède peut être exact. Le système du réseau relationnel ne disparaîtra jamais car les personnes considérées comme des relations importantes sont précisément celles qui possèdent ce club particulier. Il peut ne plus s'agir du réseau des anciens de l'école, mais de celui du club de golf, du travail caritatif, des clubs de petits déjeuners, de l'université, de la famille, de précédents emplois, des vieux amis, ou autre. Les gens importants aiment s'entourer de personnes qu'ils connaissent et à qui ils peuvent faire confiance. Vous devez arriver à connaître les personnes qui entourent celles qui doivent être connues : cultivez vos relations, puis devenez l'un de ceux qui entourent ceux qui comptent – puis devenez vous-même quelqu'un qui compte. La suite ne dépend que de vous.

Vous devez savoir quelles personnes sont influentes – et prendre soin d'elles.

RÈGLE 54

Sachez quand fermer votre porte du pied

La politique de la porte ouverte est fondamentalement bonne pour un manager, mais à certains moments, il faut savoir fermer sa porte du pied afin de pouvoir :

- travailler un peu ;
- tenir en privé une réunion ;
- faire comprendre à votre équipe que vous ne souhaitez pas être dérangé ;
- faire comprendre à vos collaborateurs que c'est vous le patron et en aucun cas l'un d'eux.

De toute évidence, un bon manager (comme vous) aime appliquer la politique de la porte ouverte pour que ses collaborateurs aient accès à lui lorsqu'il en a besoin. Mais il est parfois nécessaire physiquement et psychologiquement de créer des barrières. Voyez-vous, le vrai secret d'un bon management est qu'il y a des moments où il est essentiel de montrer que c'est vous le patron même si vous vous montrez généralement liant avec vos collaborateurs.

Il n'y a rien à redire sur le fait de gouverner de manière démocratique ; c'est bien de tenir des réunions et des comités ; les discussions conjointes en valent la peine. Mais le moment venu, vous devez être prêt à payer les pots cassés, et cela signifie faire appel à toute la présence d'esprit dont vous êtes capable, passer les appels délicats et vous comporter en patron. En fermant la porte de temps à autre, vous renforcez votre position de chef. Nul besoin de vous comporter en patron cruel, dur ou dictatorial, mais vous devez montrer que c'est vous le patron.

Si vous faites partie des managers qui ont des difficultés à montrer de l'assurance ou de l'autorité, je vous suggère de vous entraîner à l'art de fermer la porte du pied. Il s'agit d'un geste profondément symbolique qui indique que c'est vous qui contrôlez votre environnement. Faites-le quelques fois et votre équipe comprendra le message. Une fois que vous y serez habitué, vous pourrez contrôler qui s'assied dans votre bureau et combien de temps vos visiteurs peuvent y rester. Il est essentiel, pour que les employés vous prennent au sérieux, que vous imprimiez le sceau de votre autorité sur la situation. Fermer la porte du pied symbolise le fait que vous êtes le responsable – et croyez-moi, c'est une très bonne chose. Oh, et cela veut aussi dire que vous pourrez travailler sans être interrompu. Seulement, ne le faites pas trop souvent – rien n'est plus contrariant qu'un patron jamais disponible.

Il est parfois nécessaire physiquement et psychologiquement de créer des barrières.

RÈGLE 55

Occupez votre temps de manière productive et rentable

Une fois que vous saurez fermer votre porte du pied, vous vous retrouverez seul dans un bureau vide. Mais pour être le manager vraiment super et efficace que vous êtes, et serez, vous ne pouvez pas partir en croisière. Vous devez baisser le front et faire le travail. Et vous devez le faire vite et avec efficacité. Puis, vous pouvez travailler sur vos projets à long terme, votre stratégie, votre formation professionnelle (ne restez pas immobile : lisez quelque chose).

Travailler dur, sans y être encouragé par une décharge électrique, c'est un peu comme travailler pour soi. Vous devez vous montrer motivé, sérieux et concentré. Cela demande de l'entraînement et de la formation. Nous aimons tous tirer au flanc. Et cela ne pose pas de problème de le faire de temps à autre. Nous avons tous besoin de temps de réflexion et de pauses. Mais il est important de ne pas en abuser. Ne permettez pas aux bandits du temps de venir vous voler la journée entière.

Fixez-vous de petits délais. Préparez des listes courtes pour pouvoir rayer beaucoup de choses et vous sentir satisfait de ce que vous avez accompli. Prenez beaucoup l'air, sinon vous dormirez trop. Ne buvez pas d'alcool au déjeuner, sinon vous dormirez l'après-midi. Couchez-vous suffisamment tôt, sinon vous risquez de devoir rattraper au bureau le sommeil perdu.

Méfiez-vous des gens qui vous font perdre votre temps. Entraînez-vous à prétendre que vous avez quelque chose d'important et d'urgent à finir et à demander aux gens de revenir vous voir plus tard.

Méfiez-vous également des emails : ils consomment beaucoup de temps. Et ils ont tendance à vous rendre terriblement réactif : « Ça y est, ma boîte de réception est nettoyée, j'ai fini mon travail. » En vérité, votre travail ne consiste pas à répondre aux emails ou à en écrire mais à retrousser vos manches et à faire vraiment quelque chose ; passer des coups de téléphone, courir après les gens, générer des ventes, vérifier la production, classer des rapports. Faites-le maintenant. Montrez-vous productif, rentable. Oubliez le reste.

Actualisez vos connaissances, lisez.

RÈGLE 56

Prévoyez un plan B et un plan C

Vous devez vous préparer aux désastres. Vous devez prévoir « et si… » dans tout ce que vous faites. À défaut, vous vous ferez surprendre et aurez l'air incompétent. Ne présumez jamais que tout se passera bien ; ce ne sera pas le cas. Ne présumez jamais que vous vous en sortirez toujours ; ce ne sera pas le cas. Ne présumez jamais que la technologie marchera toujours ; ce ne sera pas le cas. Ne présumez jamais que vous disposez de suffisamment de temps ; ce ne sera pas le cas. Ne présumez jamais qu'ils arriveront à l'heure ; ce ne sera pas le cas. Ne présumez jamais que vous n'oublierez rien ; vous oublierez quelque chose. Ne présumez jamais que le plan A fonctionnera ; ce ne sera pas le cas. Ne présumez jamais non plus que le plan B fonctionnera ; un jour, ce ne sera pas le cas.

Je pense que vous comprenez l'idée. Lorsque les choses tournent mal – et cela arrivera – soyez prêt à composer, à vous adapter et à l'emporter. Disons par exemple que vous êtes en pleine présentation, organisée sur Power Point. Que faites-vous en cas de coupure de courant ? de panne informatique ? Vous devez avoir réfléchi à l'avance à ce que vous ferez au cas où l'électricité lâche, où l'informatique se détraque ou si la commande n'arrive jamais – car cela se produira. Peut-être pas aujourd'hui, mais demain se profile, prêt à vous prendre à l'improviste, à profiter de votre inattention et de votre manque de préparation.

Les managers vraiment bons n'ont, bien entendu, pas besoin de plans B et C parce qu'ils pensent vite et sont tout le temps prêts à brouiller les pistes et à improviser. Je trouve plus sage, cependant, de se demander constamment : « Comment vais-je faire si cela ne marche pas ? » Me poser ce type de questions m'a rendu service à chaque fois.

Ne pensez jamais que vous disposez d'assez de temps – ce n'est pas le cas.

RÈGLE 57

Profitez de la chance : ayez de la veine, mais ne l'admettez pas

Si vous ouvrez les yeux et faites preuve de présence d'esprit, vous aurez des occasions, de la chance et des coups de veine. Si vous vous montrez rapide, malin et plein d'initiatives, vous pouvez saisir ces instants et en profiter. C'est ce qu'on appelle la chance. Attrapez-la lorsqu'elle se présente, car elle est fugace. Vous ne pouvez pas l'intégrer dans un projet, un budget ou un rapport, mais elle pourra se présenter partout. En réalité, plus vous la favorisez, l'entretenez et la recherchez, plus elle arrivera. Il faut croire à la chance, sinon comment expliquer le succès de personnes qu'on n'aime pas ?

N'allez pas pour autant construire votre carrière sur la chance, car cela ne fonctionne pas ainsi. Je dis que nous avons tous nos moments de chance et que lorsqu'ils arrivent, il faut les saisir et foncer – puis ne pas en parler. Il n'est pas nécessaire de toujours dire la vérité – toute cette fausse modestie n'est qu'un tas de conneries. Si vous avez eu de la chance, dites : « Quelle veine ! » mais de telle manière que les gens sachent qu'il y avait des mois de travail derrière, des années de recherche, des décennies d'expérience – parce que c'est la réalité. La chance n'existe pas en soi, mais il y a des moments où des occasions se présentent au hasard et celles-ci reposent sur tout votre travail, votre expérience, votre recherche et votre planification. Si vous n'excelliez pas autant dans votre travail, la chance n'arriverait pas. Si vous n'étiez pas un manager aussi compétent, vous ne seriez pas suffisamment rapide pour saisir ces instants et les utiliser.

Si vous n'excelliez pas autant dans votre travail, la chance n'arriverait pas.

RÈGLE 58

Sachez repérer les signes du stress

Le bon manager se tient à l'écart du jeu du stress. Il agit ainsi parce que le stress est contre-productif : il ne rapporte rien. L'image ancienne du dirigeant stressé qui se bourre de médicaments, souffre d'hypertension mais continue à réaliser des opérations fantastiques est dépassée. Le dirigeant moderne est détendu, paisible, charmant, réfléchi, attentionné et domine son travail. Vous n'avez pas besoin d'être stressé, vraiment, vraiment pas. Oui, vous avez besoin d'excitation, de défis, d'enthousiasme, d'euphorie et de stimulation, mais pas de stress.

Le stress n'est que de l'excitation et de l'amusement qui finissent mal. Au lieu d'aimer votre travail, vous commencez à l'appréhender. Au lieu d'être excité, vous vous sentez effrayé. Au lieu d'être un défi, il devient un affrontement.

Comment manifestez-vous votre stress ? Quelle est votre expérience du stress ? Chacun expérimente le stress de manière différente. Je sais que je suis très stressé lorsque je crie plus, raisonne moins, demande plus, me montre moins poli, me dépêche plus, suis moins détendu. Voilà comment mon stress se manifeste. Mais le stress peut aussi vous inciter à fumer ou à boire plus, vous empêcher de dormir ou de manger (ou vous pousser à trop manger, à manger avec précipitation ou à manger des aliments trop gras ou trop sucrés). Le stress peut aussi entraîner une forme d'épuisement nerveux (qui conduit à trop dormir), des crises de panique, des mouvements convulsifs, des tics nerveux, des peurs irrationnelles, des comportements inadéquats. Il peut vous pousser à conduire trop rapidement (c'est ce que je fais quand je suis stressé). Si vous ne savez pas reconnaître les signes de votre stress, posez la question à quelqu'un qui vous connaît bien : il vous dira.

Lorsque je constate l'apparition de plusieurs symptômes du stress, je prends le temps de vérifier :

- pourquoi je suis stressé ;
- ce qui me stresse ;
- ce que je peux faire pour y remédier ;
- comment je peux éviter que cela ne se reproduise.

Je n'aime pas être stressé (mes enfants me traitent d'enquiquineur) et il n'y a aucun travail qui ne justifie que j'y laisse ma santé. Je sais comment calmer le jeu : je peux parfaitement faire diminuer mon niveau de stress lorsque je constate qu'il grimpe. Je sais ce qui fonctionne pour moi. Savez-vous ce qui marche pour vous ?

Oui, vous avez besoin d'excitation, de défis, d'enthousiasme, d'euphorie et de stimulations, mais pas de stress.

RÈGLE 59

Gérez votre santé

Ménager sa santé est un sujet facile à différer. Pourtant, je vous conseille de vous occuper de votre santé dès maintenant. Voici quelques conseils généraux :

- mangez correctement, en vous asseyant dans un environnement détendu et en prenant le temps d'apprécier votre repas ;
- mangez de la vraie nourriture : des produits frais, biologiques, de la viande maigre, des fruits frais, des salades, des légumes, des fibres, pas de plats tout prêts ni de junk food ;
- dormez suffisamment la nuit, toutes les nuits ;
- arrêtez de vous faire du souci : riez, amusez-vous, ayez des loisirs ;
- faites régulièrement contrôler votre état de santé pour détecter à temps les problèmes importants, tels que grosseurs aux testicules ou aux seins ;
- travaillez dans un environnement confortable et sûr ;
- faites mesurer de temps à autre votre cholestérol, votre pression sanguine, etc. ;
- entretenez des relations qui vous apportent soutien et amour ;
- disposez d'un système de croyances (peu importe lequel) pour vous aider dans les périodes de crise ;
- faites de l'exercice ;

- surveillez votre poids ;
- buvez de manière modérée ;
- ne fumez pas[1].

Bien entendu, rien de tout cela n'est obligatoire. Vous êtes adulte et en mesure de décider vous-même. Mais cela vaut le coup de penser à votre santé maintenant, si vous souhaitez vivre longtemps et de manière prospère.

Cela vaut le coup de penser à votre santé maintenant, si vous souhaitez vivre longtemps et en possession de tous vos moyens.

---

1. De tous ces conseils, voici le plus imortant apparemment, celui qui fera plus pour votre espérance de vie et votre état de santé en général que tous les autres réunis.

RÈGLE 60

Préparez-vous aux joies et aux peines

Travailler pour gagner sa vie sera toujours un mélange de choses bonnes et moins bonnes. Et plus vous montez haut dans la hiérarchie, plus cela se vérifie. Lorsque j'ai commencé à travailler, comme petit employé à la comptabilité, je m'étais habitué à m'ennuyer, à être désœuvré, à en avoir marre, à être frustré et écœuré de ce que je faisais. Lorsque j'ai grimpé les échelons et suis devenu directeur général, je me suis surpris en train de m'ennuyer, d'être désœuvré, d'en avoir marre, d'être frustré et écœuré de ce que je faisais. Mais alors que je ne m'attendais à ressentir ces sentiments négatifs en début de carrière, je n'étais absolument pas préparé à les ressentir à une époque où j'avais atteint les sommets. Je m'attendais à ce que chaque jour soit spectaculaire, passionnant, totalement stimulant, éprouvant, percutant. Et lorsque tel n'était pas le cas, je me sentais déçu.

Maintenant, bien sûr, je réalise que chaque jour ne peut pas être fantastique. Certains jours seront ennuyeux. Certains seront pleins d'adrénaline, spectaculaires – mais ils seront moins nombreux que les jours ennuyeux. Vous devez être préparé aux joies et aux peines.

Vous devez ajuster vos attentes pour ne pas désespérer lorsque vous vous ennuyez et ne pas exploser de plaisir quand l'adrénaline vous envoie au septième ciel.

Les jours ennuyeux, vous risquez d'être tenté, comme je l'ai été à plusieurs reprises, d'animer un peu les choses en jouant le rôle de l'empêcheur de tourner en rond. Mieux vaut prendre votre mal en patience et attendre que cela passe. En tant que manager, vous ne pouvez pas vous montrer perturbateur – sauf, bien sûr, de manière novatrice.

RÈGLE 61

Affrontez le futur

Quoi que vous fassiez aujourd'hui, les choses vont changer. Le futur arrivera inévitablement. Les choses changeront, nécessairement. Les gens avec lesquels vous travaillez aujourd'hui quitteront votre équipe. Vos ventes s'amélioreront/ralentiront. Votre patron partira à la retraite/évoluera. Vos clients changeront. Vos collègues seront différents. Vous aussi, vous changerez.

Tous ces changements arrivent et le manager astucieux non seulement le comprend, mais s'y prépare. Nous avons précédemment examiné l'importance d'avoir un plan B et un plan C. Eh bien ceci est différent : il ne s'agit pas ici de répondre à une crise particulière, mais de faire preuve de suffisamment de souplesse et de flexibilité pour rester en tête. Autrement dit, vous devez ne pas vous laisser démonter et ne pas vous écarter de votre trajectoire lorsque les changements interviennent.

J'ai travaillé autrefois pour une société qui, en l'espace d'un an, a été rachetée deux fois. À chaque fois, de nouvelles personnes arrivaient et il y avait toute une série de changements à mettre en place. Les nouveaux dirigeants voulaient que les choses soient faites « à leur manière ». C'était très bien en soi, mais nous avions à peine eu le temps de reprendre notre souffle après le premier rachat que le deuxième arrivait. J'ai vu de nombreuses personnes perdre pied parce qu'elles n'arrivaient pas à supporter le stress entraîné par cette extrême flexibilité. J'ai failli en faire partie. C'était une mauvaise période.

Il était vain de résister au changement. Je ne pouvais survivre qu'en me préparant au changement.

… et non seulement survivre mais tirer partie de la situation ! Plus je souriais et affichais une sorte d'attitude du genre « confiez-moi ce projet », plus on me confiait de responsabilités pour effectuer le changement. D'autres managers ont choisi de jouer le chêne au milieu de la tempête, moi, le roseau. Je pliais, me balançais et survivais. Les autres résistaient, tenaient bon et perdaient des branches.

Vous devez faire face également à votre propre futur. Partirez-vous ? En avez-vous assez de votre travail, de votre métier, de votre rôle ? Ce qui vous intéresse aujourd'hui peut ne plus vous intéresser dans dix ans.

RÈGLE 62

Levez la tête, ne baissez pas le front

Il est facile d'adopter une attitude résignée, dans la vie. Il est plus difficile de rester réjoui, de garder la tête haute. Votre verre est-il à moitié vide ou à moitié plein? Vous le voyez à moitié vide? Peut-être avez-vous besoin de vacances, d'un bilan de compétences, de nouveaux défis, d'un nouveau poste, d'un nouveau service, d'une nouvelle équipe – ou tout simplement d'une nouvelle approche. La vie a tendance à nous tomber dessus sans que nous ayons le temps d'esquiver. Le lot du manager n'est ni toujours heureux, ni toujours facile ; vous devenez fatigué, déprimé, vous vous ennuyez, devenez mou et vous sentez sur le point de démissionner. Cela nous arrive à tous de temps en temps. être manager peut être une tâche ingrate. On vous balance des missiles de tous les côtés. Je ne sais pas s'il vaut mieux être en haut et faire descendre les choses, ou être en bas et faire remonter, mais je peux vous dire sans hésiter qu'il ne fait pas bon être pris entre les deux, à devoir se défendre des deux côtés.

Entraînez-vous physiquement et mentalement à lever la tête.

Garder la tête haute constitue à la fois une affirmation (répétez-la constamment lorsque vous rencontrez une difficulté, en silence, juste pour vous, ou vous risquerez l'internement) et une indication physique. Vous pouvez physiquement et mentalement vous entraîner à lever la tête.

Regardez-vous dans un miroir, la tête haute et dites : « Je me sens vraiment malheureux. » Vous en rirez. Essayez l'inverse. Baissez la tête et dites : « Je me sens vraiment heureux. » Vous trouverez cela impossible de nouveau, et même bête. Vous en rirez. Mais il faut que vous vous regardiez dans un miroir. Peut-être avez-vous toujours l'air comme cela. Dans les deux cas, c'est drôle. Vous êtes drôle.

Entrez dans une pièce la tête haute. Présidez vos réunions la tête haute. Faites vos présentations la tête haute. Accueillez les gens la tête haute. Parlez à vos collaborateurs la tête haute. Parlez à vos clients la tête haute. À la fin d'une bonne journée de travail, lorsque vous allez vous coucher, vous pouvez baisser la tête et vous endormir en sachant que vous avez été remarquable, brillant et audacieux toute la journée. Bien joué.

RÈGLE 63

Apprenez à voir l'arbre et la forêt

Vous devez avoir une image globale des choses. Vous ne pouvez même pas vous limiter à ce que votre entreprise fait, ni même à ce que votre industrie fait. Vous devez à tout moment avoir la plus grande visibilité possible.

Il n'est pas bon que vous vous focalisiez uniquement sur ce que vous faites ou sur ce que votre service fait.

Le bon manager que vous êtes[1] doit avoir une bonne compréhension de la politique – nationale aussi bien que mondiale – de l'histoire sociale, de ce qui se passe dans le monde, des ambitions nationales, des préoccupations internationales, de l'environnement, de la législation applicable, des projets législatifs et des développements technologiques (qu'ils concernent ou non votre industrie).

Mais vous devez aussi continuer de surveiller ce qui se passe sous vos yeux – votre équipe, votre service, votre environnement immédiat, les petits détails aussi bien que la vue d'ensemble.

1. Je n'arrête pas de parler de vous. Mais vous vous demandez peut-être ce que j'en sais. Je le sais parce que vous lisez ce livre. Les mauvais managers pensent déjà tout savoir. Vous êtes prêt à lire, apprendre, demander l'avis d'autres personnes, élargir vos horizons, avoir des opinions, vous tenir au courant des idées existantes et des idées nouvelles, et à rester ouvert d'esprit, en parvenant aussi loin dans votre lecture. C'est bien. Vous êtes doué. Bien joué.

Le manager intelligent doit garder les yeux grands ouverts et tendre les oreilles, rester attentif, être réceptif aux nouvelles idées, innovations et tendances. L'arbre ne doit pas vous cacher la forêt.

Et comment allez-vous trouver le temps de réfléchir à tout cela? De penser, d'analyser, d'anticiper? Eh bien, en prévoyant ces activités dans votre planning. C'est ce que font les bons managers, ceux qui ont de l'expérience. Et pour être un bon manager senior, vous devez savoir combien il est important de s'octroyer du temps de réflexion. Parfois, les déplacements en offrent l'occasion (attention toutefois à prévoir du temps spécifiquement pour cela, et à en faire bon usage). Certains jours, bloquez une heure ou deux dans votre agenda, et veillez à ne pas être dérangé. Appelez ça « temps de planification », si on vous demande de quoi il s'agit – si la personne qui voit cette mention est elle-même un manager efficace, elle ne posera pas la question. Elle saura.

RÈGLE 64

Sachez quand laisser tomber

Il est parfois vraiment difficile de laisser tomber, de savoir quand s'arrêter. Mais certains projets n'aboutiront tout simplement jamais. Certaines personnes ne s'intégreront jamais dans l'équipe. Il ne sera jamais possible de travailler pour certains patrons. Il faut tout simplement mettre fin à certaines situations. Le bon manager sait instinctivement quand reculer, attraper son parachute, battre en retraite, s'éloigner en sifflotant, fierté intacte et dignité en place. Cette règle est valable pour vous, mais aussi pour toutes les personnes qui se font prendre, perdent leur temps, essayent de défendre l'impossible.

Sachez quand vous arrêter, sachez reconnaître quand il n'y a plus d'espoir.

Le bon manager sait quand lever les mains en l'air et admettre : « Oui, je me suis planté. C'est de ma faute. Je me rends. » Vous serez invariablement pardonné car votre style honnête et direct désorientera vos interlocuteurs : ils ne sauront pas comment vous prendre.

Si vous ne savez pas quand laisser tomber, vous générerez colère, ressenti, stress, jalousie et souffrances. Apprenez à hausser des épaules et partir. On ne vous demande pas de pardonner, ni d'oublier mais seulement de laisser tomber et vous éloigner.

Il existe un mythe en affaires, selon lequel mieux vaut rendre la pareille que de se mettre en colère. Mais rendre la pareille revient à se mettre en colère. Cela prend juste un peu plus de temps. Laissez tomber. Concentrez-vous sur la prochaine chose passionnante à accomplir.

RÈGLE 65

Montrez-vous ferme, même si cela implique parfois de se tromper

Je parie que vous ne supportez pas le genre de managers qui refusent de prendre une bonne décision par peur de se tromper. Les managers qui tergiversent, se montrent indécis, apeurés, qui n'arrivent pas à prendre de décision avant qu'il soit trop tard ou qui se débrouillent pour la faire prendre par quelqu'un d'autre. J'ai travaillé pour quelques managers de ce type et il n'existe rien de plus irritant que quelqu'un qui s'abstient de prendre position, parce qu'il ne sait pas dans quelle direction aller – et tout cela par peur. Peur de décider par peur de se tromper : ils craignent de faire une erreur qui pourrait leur coûter leur poste. La belle affaire.

Mieux vaut prendre position, quitte à se tromper, que de rester planté sur place par peur de bouger.

Supposez maintenant que vous avez pris la mauvaise décision. Eh bien, il arrive parfois que de grosses erreurs laissent surgir des choses intelligentes, brillantes et magiques et que nous retombions sur nos pieds, parvenions à nous en sortir, alors qu'au départ nous ne savions pas toujours ce que nous faisions. Je veux que vous soyez ce manager magique. Ce manager instinctif qui fait que tout peut arriver – et arrivera. Si vous ne voulez pas prendre position, laissez tomber la lecture de ce livre.

Je ne dis pas, pour autant, que vous devez prendre des décisions imprudentes et non réfléchies. Je suppose, que, en tant que bon manager, vous aurez, avant de prendre une décision, regardé les éléments en sa faveur, soupesé le pour et le contre, peut-être demandé l'avis d'autres personnes. Je vous parle du moment délicat dans le processus de décision, le moment où vous serez tenté d'esquiver la décision par peur de prendre la mauvaise option.

C'est une question de courage. Le courage de se tromper parfois. Le courage de prendre un risque. Le courage d'avoir peur de manière positive (s'abstenir de prendre une décision, par peur, n'a rien à voir avec prendre une décision importante en se sentant à la fois effrayé et grisé).

Vous n'avez qu'à regarder les faits, les soupeser, demander conseil, écouter votre intuition et puis vous jeter à l'eau : prendre la décision. Soyez dynamique et audacieux.

RÈGLE 66

Adoptez un style de management minimaliste

Le minimalisme signifie ne pas émettre de longs rapports. Ne pas émettre des mémos toutes les vingt minutes. Ne conserver qu'un minimum de règles[1] et laisser les gens faire leur travail. Avoir une vision censée, claire, facile à comprendre et simple. Avoir un management composé de managers qui se servent de professionnels et les laissent accomplir leurs tâches librement et dans le calme. Des managers qui ont suffisamment confiance en eux et n'ont pas besoin de marquer des points, de se montrer intimidants ou de s'immiscer partout.

Bien sûr que vous devez rester le patron, mais comme pour diriger un gros bateau, manœuvrer directement le gouvernail suffit. Si vous faites violemment tourner le gouvernail d'un côté et de l'autre, vous sortirez de votre route en un rien de temps.

Selon un vieux proverbe chinois : « Gouvernez le pays de la même manière que vous cuisineriez un petit poisson », autrement dit arrêtez de jouer avec, ou il partira en morceaux. Gérez un service, une équipe ou une entreprise relativement de la même manière –

---

1. Non, je ne parle pas des 100 règles d'or exposées ici, je parle des règles insignifiantes – vous devez porter une cravate, vous ne pouvez prendre qu'un croissant et pas deux à l'heure du café, vous devez vous adresser aux membres de la direction en les appelant Monsiuer ou Madame X et ne pas utiliser leurs prénoms, vous devez vous garer soigneusement, vous devez porter des chaussures pratiques, vous devez… Vous voyez bien sûr de quoi je parle.

avec douceur et discrétion. Mieux vaut vous montrer discret que trop présent.

Le management minimaliste consiste à obtenir plus en en faisant moins.

RÈGLE 67

Imaginez votre plaque commémorative

Lorsque vous aurez écrit un best-seller et mourrez, vous aurez droit à une inscription sur la façade de l'immeuble dans lequel vous êtes né, avez vécu ou avez écrit cette chose maudite – mais uniquement dans la mesure où cela s'est passé à Londres[1]. Lorsque j'écris « vous », je ne veux pas dire vous, mais quiconque vit là après que vous avez cassé votre pipe. La plaque commémorative permet de se souvenir que, de votre vivant, vous avez fait quelque chose de bien. Si vous n'avez rien accompli de bien – par exemple écrire un best-seller, apporter votre contribution à l'alphabétisation mondiale, gagner suffisamment d'argent pour avoir les moyens de vivre à Londres – vous n'aurez pas de plaque.

Imaginez maintenant qu'il existe des plaques commémoratives destinées à récompenser les managers et qu'elles ne soient pas limitées à Londres. Pour quelles raisons en obtiendriez-vous une? D'ailleurs en obtiendriez-vous une?

Quelle image de vous aimeriez-vous laisser après votre mort?

---

1. Je suis quasiment certain que vous avez besoin d'être mort, mais pas nécessairement d'avoir écrit quelque chose. Cela marche aussi si vous faites de la musique – Jimmy Hendrix aussi a sa plaque.

J'ai travaillé autrefois pour un patron dont le style de management était pour le moins pittoresque. Tous les jours en arrivant, il s'en prenait à la première personne qu'il voyait, et lui passait un sérieux savon à propos de ce qu'elle était en train de faire. Puis, il s'enfermait dans son bureau et prenait un café pendant une demi-heure. Il en sortait ensuite pour faire un tour dans l'usine et félicitait la première personne qu'il voyait, lui assurant qu'elle faisait un excellent travail, quoi qu'elle fût en train de faire. Je lui ai demandé pourquoi il se comportait ainsi. Il a répondu : « Ça les empêche de s'endormir. Ils ne savent jamais à quoi s'en tenir avec moi. J'obtiens plus d'eux s'ils ont peur. » Pas de plaque commémorative pour vous, cher ami.

Je vous raconte cette histoire parce que, plus de vingt ans après, elle continue de me fasciner et de constituer le pire exemple d'incompétence et de bêtise brutale que j'ai jamais rencontré. Et dire que cet homme est toujours en poste, employé par la même société ! Il est vrai qu'il n'a pas beaucoup monté dans la hiérarchie, puisqu'il continue plus ou moins de faire ce qu'il faisait déjà lorsque je le connaissais, mais il y travaille toujours. Je n'investis pas dans cette société – je ne l'ai jamais fait et ne le ferai jamais.

Je veux ma plaque commémorative. Je veux l'obtenir parce que j'aurais été le meilleur manager ayant jamais existé. Je veux l'obtenir parce que je me serais bien occupé de mon équipe, grâce à mes résultats, aux normes que j'aurai établies ; à mon immense réussite et parce que j'aurais été un patron pour qui les gens aimaient travailler.

RÈGLE 68

Ayez des principes et soyez-y fidèle

Si vous réfléchissez un peu, vous comprendrez que vous devez avoir des principes. À défaut, vous finirez par vous mépriser vous-même, être endetté ou jeté en prison. Il se peut que vous finissiez ainsi de toute façon, mais vous pourrez au moins dire : « J'ai des principes. »

Il doit exister une limite que vous ne dépasserez pas.
Vous devez savoir où elle se trouve

Personne d'autre n'a besoin de le savoir, jusqu'à ce qu'on vous demande de la franchir et que vous refusiez de le faire. Cette limite doit être comme un mur d'acier massif de dix kilomètres de haut : infranchissable en toutes circonstances.

Alors, où votre limite se situe-t-elle? On m'a demandé de faire des choses qui ne me plaisaient pas. On m'a demandé de faire des choses déplaisantes. On m'a demandé de faire des choses que je trouvais extrêmement ingrates, mais à chaque fois qu'on m'a demandé de franchir mes limites personnelles – ce qui, Dieu merci, ne m'est arrivé qu'une ou deux fois au cours de ma longue carrière, j'ai pu dire non et m'y tenir. Et à chaque fois, on m'a complimenté, plutôt qu'envoyé faire un tour à l'A.N.P.E.

RÈGLE 69

Suivez vos intuitions

Vous savez, au plus profond de vous, quand vous avez raison et quand vous avez tort. évidemment, vous pouvez faire taire cette voix intérieure, mais dans ce cas, vous perdez le contact avec elle et vous vous retrouvez face à un vrai problème. Ce sens de l'intuition peut ne pas s'exprimer haut et clair tout le temps, mais lorsqu'il le fait, vous seriez fou de ne pas le suivre. Malheureusement, votre esprit parle également haut et clair – tout le temps – et vous confondez les deux. Vous suivez ce que vous prenez pour de l'intuition alors que c'est de la peur, de la jalousie ou une autre émotion.

Alors, comment savoir? Si, quand vous parlez à quelqu'un du nouveau système que vous êtes prêt à mettre en place, vous sentez au fond de vous, un sentiment étrange ou désagréable, malgré l'assentiment de votre interlocuteur, tenez-en compte. Prenez le temps de vous demander pourquoi vous avez ressenti ce malaise. Parlez de votre projet à une autre personne et voyez si votre malaise se reproduit. Revenez au plan de départ et examinez-les de tous les points de vue, en considérant tous les enjeux possibles. êtes-vous toujours convaincu?

Testez vos idées ou réfléchissez de nouveau à une proposition ou à une décision, si vous avez un mauvais pressentiment.

Examinez les précédentes décisions, bonnes ou mauvaises, que vous avez prises. Qu'avez-vous ressenti à l'époque? Avez-vous eu le sentiment que tel projet, qui s'avéra un fiasco, était voué à l'échec? Sauriez-vous reconnaître de nouveau ce sentiment?

Il est difficile d'enseigner à développer son intuition.

Prenez l'habitude d'écouter ce que vous ressentez, votre radar s'améliorera

---

Et vous commencerez à savoir quand votre instinct vous signale que quelque chose ne va pas.

RÈGLE 70

Montrez-vous créatif

Le bon manager garde une armoire pleine de techniques créatives qu'il utilisera le jour où lui ou son équipe seront bloqués : cela risque de vous arriver de temps en temps à vous comme à eux.

Faire preuve de créativité consiste à trouver de nouvelles manières de faire, différentes, pour régler les problèmes. Vous êtes en train de patauger et commencez à vous faire du souci ; décidez de sortir, occupez-vous du jardin, faites la vaisselle, faites voler un cerf-volant, ou n'importe quoi d'autre…

Plongez-vous dans ce que vous faites et les réponses remonteront toutes seules à la surface.

La plupart des techniques créatives permettent d'éteindre votre cerveau conscient et rationnel et d'utiliser une partie plus profonde et plus intuitive de votre esprit. Et cette partie de l'esprit dispose d'un nombre incroyable de réponses auxquelles vous n'avez normalement pas accès. Vous avez accès à cette partie de l'esprit lorsque vous dormez, méditez ou utilisez des techniques de pensée créative.

Regardez faire les autres managers – ceux que vous admirez et respectez. Ils disposent probablement d'armoires pleines d'astuces créatrices. Piquez-en quelques-unes. Lisez des ouvrages sur les techniques de pensée créative. Regardez ce que les managers intelligents font, pensent et essayent. Demandez à une personne qui ne travaille pas dans votre domaine ce qu'elle ferait. Ne craignez pas de paraître loufoque ou dingue – après tout, parmi les meilleures idées, certaines sont nées de rêves.

RÈGLE 71

Ne stagnez pas

Êtes-vous un leader ou un manager? Cette question n'est pas vraiment loyale alors que tout ce que nous venons d'évoquer était destiné à vous assurer que vous êtes un manager efficace et incroyablement bon.

Les excellents managers sont également des leaders – ils inspirent et motivent, encouragent et enthousiasment.

Ils attirent les gens de manière irrésistible. Ils sont charismatiques, dynamiques et ont du style. Ce sont bien des leaders. Mais ce sont également de bons managers. Si vous restez trop dans le management, vous stagnerez. Vous devez vous délecter dans le changement, chercher de nouveaux défis, vous tenir prêt, trouver de nouvelles façons de faire les choses, motiver votre équipe de manière nouvelle et passionnante, introduire de nouvelles technologies et de nouvelles idées, lancer de nouvelles orientations, sauter des obstacles, allumer des incendies. Vous ne pouvez pas vous permettre d'être vu immobile, sinon vous serez couvert de poussière et serez rapidement transformé en meuble que personne ne remarque.

Je sais combien il est difficile, parfois, d'arriver à voir au-delà de sa journée de travail, des réunions du lendemain, du rapport au conseil d'administration de la semaine prochaine. Mais vous devez bouger sinon vous stagnerez. Gardez-vous un peu de temps tous les jours ou toutes les semaines – une demi-heure seulement, peut-être – pour réfléchir à de nouvelles façons de vous montrer révolutionnaire. Pourquoi? Parce que sinon vous vous enliserez dans le quotidien, le banal, la routine. Oui, vous êtes un manager, mais vous êtes aussi un novateur, quelqu'un qui motive et inspire, un leader, quelqu'un qui fixe les orientations.

Si vous êtes déjà couvert de poussière et que les gens ont l'habitude de vous confondre avec les meubles, vous serez obligé de travailler très dur pour changer cette image. Ne leur faites pas peur avec des changements radicaux – procédez par étapes.

RÈGLE 72

Soyez flexible et prêt à bouger

L'heure viendra où il sera temps de bouger. D'autres travaux attendent d'être accomplis; d'autres équipes attendent d'être menées. Vous devrez peut-être plier bagage et prendre la route. Ouvrez l'œil pour ne pas rater les occasions qui se présentent. Souvenez-vous de vos projets à long terme; je parie qu'ils ne comprennent pas d'idées du genre « Rester ici jusqu'à la retraite et/ou jusqu'à ce que je me transforme en poussière » et continuez de regarder au loin.

être un bon manager, un manager fantastique implique souvent d'être recherché, chassé, débauché. Tenez-vous prêt à vous faire séduire. Cela ne veut pas dire que vous deviez partir, mais vous devez être ouvert aux offres, n'est-ce pas flatteur?

Restez vigilant et soyez prêt à changer de poste.
Préparez-vous à examiner des projets inhabituels.

Soyez prêt, peut-être, à faire cavalier seul, si cela fait partie de vos plans à long terme.

Devez-vous vous sentir coupable d'abandonner votre équipe? Non. Vous avez une carrière et elle nécessite que vous avanciez. Votre équipe pourra bénéficier d'une bouffée d'air frais, après votre départ, pour se remettre les idées en place. J'ai quitté des fonctions de management où mes collaborateurs semblaient réellement surpris que j'ose partir, déployer mes ailes et m'envoler « ailleurs », comme si « ailleurs » était une contrée sombre et dangereuse qui m'engloutirait. Bien entendu, après mon départ, on me faisait une réputation de « déserteur », mais mieux vaut entendre cela que « bon débarras ».

RÈGLE 73

Souvenez-vous du but de l'exercice

Dans son livre *Get Ahead; Give a Damn*[1], Carmel McConnell explique : « Les gens heureux, épanouis, qui sont sollicités mais qui bénéficient de soutiens, sont ceux qui obtiennent les meilleurs résultats, au travail et dans la vie. Ils sont capables d'assécher des marais – et ils s'amusent en le faisant (oui, même si cela peut paraître étrange, assécher un marais peut procurer du plaisir !) Cependant, nous sommes nombreux à tomber sur quelques alligators en cours de route… vous savez, ces obstacles subversifs qui peuvent empêcher de mener une vie productive, avec beaucoup de résultats et peu de stress. Certains de ces obstacles sont de notre fait, d'autres ont été placés sur notre chemin par d'autres. D'autres encore sont là, tout simplement. »

Et quel est l'objet de l'exercice, mon ami ? Nous avons tous des objectifs différents. Vous pouvez répondre : « Générer des profits pour les actionnaires » (règle 48) mais vous essayez simplement de me faire plaisir en me donnant la réponse que vous imaginez que j'attends. Ce n'est pas le cas.

---

1. *Get Ahead; Give a Damn* est un petit livre de grandes idées sur la manière de réussir et d'être plus heureux au travail. Chaque centime du prix figurant sur la couverture est utilisé pour aider des gens sans emploi et sans abri à se remettre sur pied. Vous pouvez vous le procurer sur www.pearson-books.com si cela vous intéresse.

Souvenez-vous que même lorsque vous êtes entouré d'alligators l'objet de l'exercice est d'assécher les marécages. Il existe beaucoup d'objectifs et de nombreux exercices de drainage de marécages. Vous pouvez considérer qu'il s'agit du prochain projet, de fixer le budget suivant, de décrocher l'entretien suivant, de finir la semaine ou de survivre à l'entretien d'évaluation. Il peut s'agir d'un plan à long terme, de votre carrière en général, etc. Et les alligators qui vous mordent le derrière peuvent être des collègues, des clients, des patrons, le personnel, votre famille, et j'en passe. Quels qu'ils soient, ils vous empêchent de drainer les marécages.

Cette règle signifie que vous devez vous concentrer pour ne pas dévier de votre route du fait de tous les obstacles qui vous entourent.

Restez concentré et ne perdez pas de vue vos objectifs – quels qu'ils soient.

RÈGLE 74

Souvenez-vous que personne n'est forcé de venir travailler

J'ai eu la chance de travailler autrefois pour un manager extraordinaire. Bob n'est plus de ce monde malheureusement, mais je me souviens de tous les trucs de management qu'il m'a appris. Il faisait partie des nôtres, paraît-il. Apparemment, il jouait le jeu de la société : il était discret, charmant, efficace, travailleur, mais au plus profond de lui, il ne travaillait que pour lui-même. Bob était un individualiste, un homme qui enfreignait les règles (pas les règles de cet ouvrage ; la plupart viennent de lui), une personnalité non conformiste, indépendante. Il se tenait sur une ligne subtile. C'était Monsieur Du-Calme-Mon-Gars. Monsieur On-Ne-Devrait-Jamais-être-Vu-En-Train-de-Diriger.

Bien entendu, il faisait son travail et le faisait extrêmement bien, mais c'était un rebelle du management. Nous devions, lui et moi, participer un jour à une formation de manager. Devinez qui a séché ? Eh oui, Bob. Il n'allait pas faire des maquettes en LegoTM pour qui que ce soit.

J'y suis allé. J'ai fait des maquettes en LegoTM. J'ai suivi la ligne de la société. Devinez qui a été promu ? Eh oui, toujours Bob.

Pourquoi parlons-nous de cela ? Ah, oui, au sujet des jérémiades. J'ai rouspété. Bob aurait dit : « Nous ne sommes pas obligés d'aller à ce stage. » Et il le pensait. Littéralement. Littéralement, aucun de nous n'est obligé d'être ici. Nous ne sommes pas forcés de faire le travail. Nous pouvons partir quand nous le voulons. Autrement dit, nous sommes ici par choix. Nous avons choisi d'être ici. Nous choisissons d'être ici tous les jours. C'est notre choix. Si nous choisissons d'être ici, cela signifie sûrement que nous y prenons plaisir ; sinon nous ne serions pas ici, n'est-ce pas ? Si nous n'y prenons pas plaisir, alors nous devrions choisir d'être ailleurs.

Arrêtez de vous plaindre : appréciez ce que vous faites ou partez

---

Autrement dit, Bob me disait : « Arrête de te plaindre ; apprécie ce que tu fais ou pars. » Cela ne signifie pas que vous ne puissiez pas signaler ce qui ne va pas, mais que, si les difficultés ne doivent pas être résolues, mieux vaut apprendre à vivre avec. Appréciez votre travail ou partez et laissez la place à quelqu'un qui, lui, l'appréciera. Personne n'est forcé de venir travailler.

RÈGLE 75

Rentrez chez vous

J'ai également travaillé avec un manager qui restait tard le soir, arrivait tôt le matin, sautait le déjeuner, ne levait pas la tête de ses dossiers et travaillait avec acharnement chaque seconde qu'il passait au bureau. Devinez qui lui est passé devant? Eh oui, de nouveau le Bob de la règle 70. Monsieur Du-Calme-Mon-Gars.

Une des phrases favorites de Bob, à mon intention du moins, était : « Rentre chez toi, Rich, rentre chez toi. Tu as de jeunes enfants, rentre chez toi et profite d'eux avant qu'ils n'oublient à quoi tu ressembles. Ou bien envoie-leur une photo de toi avant qu'ils ne t'oublient pour de bon. » évidemment, je rentrais chez moi. Bob, faisait souvent pareil. En réalité, il passait si peu de temps à son bureau qu'il a été de nouveau promu. Son secret? Son équipe, à laquelle j'appartenais, aurait fait n'importe quoi pour lui. Nous étions toujours prêts à fournir un effort supplémentaire. Nous ne l'aurions jamais laissé tomber volontairement. Bob insufflait à ses collaborateurs un dévouement que j'ai rarement revu depuis. Nous nous sentions considérés comme des adultes, dignes de confiance, traités avec respect. Il ne criait jamais sur les membres de son équipe, ne les injuriait jamais, n'abusait jamais d'eux, n'imposait jamais quoi que ce soit, ne surchargeait jamais ses collaborateurs de travail et ne les humiliait jamais. Je ne l'ai jamais vu réprimander qui que ce soit, jamais. Il était charismatique et charmant, calme et détendu. Il s'occupait de nous comme il aurait fait cuire des petits poissons (voir la règle no 62). Il savait s'y prendre avec nous.

Il affirmait que son secret était sa famille. Il travaillait pour elle. Il adorait ses enfants et aurait préféré être avec eux à la maison plutôt qu'à son bureau. Son amour pour eux était visible : il parlait beaucoup de ses enfants et de sa femme et il était très fier de montrer qu'il était un homme heureux en famille.

Il ne restait jamais tard au bureau, car cela n'aurait pas été loyal vis-à-vis de sa priorité no 1 : sa famille. Cela lui donnait beaucoup de profondeur. Il était très complet et équilibré. Il se sentait bien avec lui-même.

On n'a rien à démontrer au bureau quand on est comblé chez soi.

J'ai travaillé avec de parfaits salopards et je peux vous affirmer qu'ils avaient une chose en commun : leur vie de famille était désastreuse. Leur camp de base était instable et cela se voyait. Alors, cher ami, rentrez chez vous le soir.

RÈGLE 76

Continuez d'apprendre, en particulier de la concurrence

Nous avons tous entendu des managers se mettre en colère parce qu'ils s'étaient fait prendre de vitesse par un concurrent ou se répandre en injures au sujet de telle ou telle commande injustement perdue ou crier comme des putois qu'ils étaient victimes d'un coup monté lorsqu'ils perdaient un client. Mauvais, mauvais, mauvais. Croyez-moi, si vos concurrents vous volent vos idées, vos clients, vos contrats, vos ventes, votre personnel et vos revenus, alors a) vous n'avez qu'à vous en prendre à vous-même et b) voilà une bonne occasion d'apprendre à faire mieux.

Rien n'est plus instructif qu'un concurrent meilleur que vous. Que fait-il de mieux? Que pouvez-vous en retenir? Comment pouvez-vous l'imiter? Comment pouvez-vous reprendre ce qu'il fait et le mettre vraiment en pratique? Comment augmenter votre part de marché en faisant mieux que lui?

Passez, chaque semaine, du temps à vérifier ce que font vos concurrents, parce que s'ils sont efficaces (et la concurrence l'est inévitablement), ils vérifieront ce que vous faites. Passez du temps à connaître la concurrence et à partager des informations avec elle. Imaginons que vous ayez cinq concurrents principaux et que vous collaboriez avec eux, en leur donnant à chacun quelques informations sur ce que vous faites. Par mimétisme, ces cinq personnes vous donneront des idées, des informations, des résultats sur leurs recherches, etc. Vous ne devriez jamais craindre la concurrence. Prenez-la à bras-le-corps. Elle fait grossir le marché. Elle vous maintient éveillé. Elle vous donne une véritable occasion d'apprendre. La concurrence s'exerce dans le réel, ce n'est pas un exercice et on ne se sert pas de Lego™.

Si vous craignez la concurrence, c'est qu'en réalité vous avez peur de votre propre incompétence.

Si vous savez que vous faites du bon travail, la concurrence ne peut pas vous toucher. Si vous ne faites pas du bon travail, la concurrence vous écrasera – vous le savez, comme vous savez que vous ne faites pas du bon travail.

RÈGLE 77

Faites preuve de passion et d'audace

Si vous ne devez pas être passionné par votre travail, par quoi le serez-vous? Réfléchissez: vous passez plus de temps au bureau, à travailler, à vivre, respirer et exister pour le travail, qu'à toute autre activité sauf peut-être dormir. Vous devez être passionné par ce que vous faites. Faire l'amour vous passionne mais cela ne dure pas autant que votre carrière. La nourriture vous passionne, mais vous ne mangez que trois fois par jour – alors que votre travail est continu. Votre vie, vos passe-temps, votre famille, vos vacances vous passionnent mais vous passez plus de temps au travail avec vos collègues que chez vous. Et pourtant un nombre incroyable de gens redoutent leur travail, n'y voient qu'une corvée incontournable. Si c'est votre cas, rentrez chez vous et restez-y. Laissez la place à quelqu'un qui se passionnera pour ce qu'il fait. Mais je suis sûr que ce n'est pas votre cas.

Lorsque j'ai démarré ma carrière – j'en ai eu plusieurs – je me suis renseigné sur l'industrie dans laquelle je souhaitais travailler avant de commencer ma formation. J'ai lu des informations sur son histoire, les gens célèbres qui y avaient travaillé, comment elle avait évolué, quelle était sa législation, comment étaient nées certaines traditions. Lorsque j'ai débuté mon travail, j'étais une véritable encyclopédie vivante: je connaissais les faits, des informations, des anecdotes et l'histoire de cette industrie. Et j'ai eu le souffle coupé de voir à quel point mes collègues étaient eux ignorants et peu intéressés. J'étais passionné et semblais être le seul à l'être. J'ai rencontré seulement un tout petit nombre de personnes qui s'intéressaient à ce qu'elles faisaient. Au fil des années, j'ai croisé en route d'autres passionnés, mais ils étaient peu nombreux.

Lorsque vous êtes passionné, vous pouvez faire preuve d'audace, parce que vous disposez de cet élan, de cet enthousiasme, de ce courage et de cette fièvre qui permettent de soulever des montagnes.

Se montrer audacieux signifie pouvoir prendre des risques. Et pouvoir prendre des risques signifie que ceux-ci paieront – pas tout le temps, mais suffisamment souvent pour vous faire la réputation d'un fonceur et de quelqu'un qui ira loin et qui réussit.

être passionné signifie s'intéresser à ce que vous faites. Ne pas faire les choses machinalement, mais s'y intéresser réellement. Ne pas pouvoir s'en empêcher – être constamment excité et enthousiaste. Ce que vous faites a de l'importance – il ne s'agit pas uniquement d'argent, de statut ou d'avantages. Il s'agit d'apporter une contribution véritable à la vie de vos contemporains, à l'environnement, à la société. Si vous n'êtes pas passionné, qu'êtes-vous? Si vous êtes passionné, qu'est-ce qui vous passionne? Si vous ne l'êtes pas en ce moment, quand le serez-vous?

RÈGLE 78

Prévoyez le pire, mais espérez le meilleur

Le manager que vous êtes doit se préparer au pire mais espérer le meilleur.

Quel est votre scénario le plus pessimiste? que tout le personnel se fasse porter pâle le jour de la finale de la Coupe du monde? que vous perdiez une grosse commande? que les ventes s'effondrent totalement? que l'immeuble qui abrite vos bureaux soit détruit par un incendie? qu'il y ait des grèves nationales? une épidémie de grippe? une attaque terroriste? une marée noire? que l'inspection du travail vous oblige à fermer? Tous ces événements peuvent causer des ravages dans votre budget.

Alors, quels scénarios catastrophes avez-vous prévu au cas où le pire arriverait? Hein? C'est bien ce que je pensais. Vous devez avoir des plans d'urgence, avoir imaginé des plans d'évacuation, disposer de procédures de gestion de crise, savoir d'avance quoi faire, avoir prévu des équipes de remplacement et d'autres sources de revenu. Vous devez avoir un plan.

Maintenant, les chances sont grandes que vous n'ayez jamais à mettre en œuvre votre plan. Avec de la chance et l'intervention du ciel, il restera à l'état de plan – et rien de plus. Mais vous devez disposer d'un plan.

Maintenant, vous êtes autorisé à espérer. Espérer que cela n'arrivera jamais. Espérer que le soleil brillera toujours. Une assemblée m'a demandé un jour ce que je ferais en cas d'alerte à la bombe dans l'entreprise où je travaillais. J'ai répondu : « J'espère que ce sera une fausse alerte », ce qui les a fait rire mais ne m'a fait marquer aucun point. « Avez-vous un plan ? » m'a-t-on demandé. « Oh, j'en ai un. » ai-je répondu et j'ai peut-être marqué un demi-point.

Ayez un plan – et beaucoup d'espoir.

RÈGLE 79

Montrez à votre société que vous êtes de son côté

Pour montrer à votre société que vous êtes de son côté, vous devez accomplir quelques démarches concrètes. Par exemple :

- achetez des actions ;
- lisez le bulletin de l'entreprise ; mieux encore, assurez-en la rédaction ;
- soutenez les fonctions sociales de l'entreprise ;
- faites preuve d'intérêt ;
- posez des questions ;
- faites en sorte que l'intérêt que vous portez à l'entreprise se remarque et qu'il en soit pris note d'une manière ou d'une autre ;
- concentrez-vous sur votre contribution à l'entreprise, et non sur ce que vous en retirez ;
- utilisez les produits ou services de l'entreprise ;
- parlez en bien de l'entreprise, de manière active ;
- entraînez-vous à dire ce que vous appréciez dans l'entreprise ; ayez une réponse toute prête pour le cas où on vous pose la question ;

- connaissez la vision et la philosophie de l'entreprise ;
- connaissez les produits et/ou services de l'entreprise sous toutes les coutures ;
- connaissez l'historique de l'entreprise – sa création, les fusions et acquisitions qu'elle a connues, etc., ses objectifs à long terme et ses employés clés (fondateurs, bienfaiteurs) ;
- connaissez l'image de marque de l'entreprise et ce qu'elle fait pour la communauté.
- enfin, ne dites jamais de mal de l'entreprise, quelles que soient les circonstances.

Je vous entends déjà dire : « Mais, mais, mais, est-ce que cela ne fera pas de moi un lèche-bottes, un béni-oui-oui, un larbin, d'être le porte-parole de l'entreprise ? » Non. Pas si vous le faites bien. Si vous débitez des platitudes et ne semblez pas sincère, les gens sauront que vous jouez un jeu et que vous n'êtes que le pion de la société. Mais si vous vous montrez sérieux, les gens vous suivront et en feront autant.

Montrez l'exemple. Ne lésinez pas sur les superlatifs lorsque vous faites l'éloge de votre société.

C'est tellement peu à la mode que vous apposerez votre marque, mais attention : vous devez vous montrer sincère et audacieux.

« Et si je ne me sens pas très à l'aise à propos de mon entreprise ? » Alors, quittez-la. Cela fonctionne dans les deux sens. Votre société vous emploie. Vous travaillez pour elle. Vous donnez, elle donne. Vous prenez, elle prend. Si votre relation ne vous plaît pas, alors partez, divorcez, trouvez un nouvel amour. Vous devez aimer votre entreprise et la considérer comme une relation. Si votre relation marche mal, qu'allez-vous faire ? Faire avec et vous taire ? J'espère bien que non.

RÈGLE 80

Ne critiquez pas votre patron

D'accord, votre patron est une ordure, vous ne supportez pas de travailler pour une telle fouine et vous allez raconter à tout le monde à quel point il est idiot. Oui? Non. Faux, faux, faux. Vous ne devez critiquer votre patron en aucune circonstance. D'accord, toute votre équipe sait que votre patron est nul, vos collaborateurs vous l'ont clairement indiqué. Vous approuvez? Non. Jamais, au grand jamais.

Si vous n'avez rien à dire de bien, alors ne dites rien.

Ne dites pas de mal de votre patron même s'il le mérite, ou si vous pensez qu'il le mérite.

Votre patron est votre patron. S'il est vraiment lamentable, ne travaillez pas pour lui, cherchez un autre travail. Si vous décidez de travailler pour lui, alors c'est votre choix et vous devez vous y tenir, vivre avec, y croire – sinon vous deviendrez fou.

Si votre patron est épouvantable, il vous appartient de le changer. Apprenez-lui à vous faire confiance. Puis apprenez-lui à vous déléguer certaines tâches. Ensuite, apprenez-lui à vous confier la responsabilité du travail. Enfin, remplacez-le. Facile, n'est-ce pas? Non, bien entendu, mais ce sont les seules démarches à entreprendre si vous êtes sérieux et impliqué.

Faites attention à ce que vous dites sur votre patron au cas où vos propos reviendraient aux oreilles de son patron à lui. Il se peut que ce dernier apprécie beaucoup votre supérieur hiérarchique et prenne mal vos critiques. Après tout, il l'a mis à ce poste et vous vous placeriez dans une situation dangereuse en mettant en cause publiquement cette décision.

J'ai travaillé à un moment pour un parfait fils de… qui buvait, avait de mauvaises fréquentations et ne savait pas, la plupart du temps, s'il se trouvait à New York et si on était le 1er janvier. Quelqu'un s'est plaint de lui auprès du siège et une délégation est venue prendre les déclarations de plusieurs employés. Nous avons été douze managers juniors, moi compris, à être interrogés sur sa conduite. J'ai refusé de coopérer et je n'ai rien dit. Un an après, mon patron était toujours là et moi aussi. En revanche, les onze autres managers juniors ne travaillaient plus pour la société. Morale de l'histoire : restez bouche cousue si vous n'avez rien à dire de positif. Comment ce patron épouvantable est-il parvenu à survivre ? Cela me dépasse. Il avait manifestement du ressort. Comment suis-je parvenu à survivre ? Aucune idée. Il me faisait confiance, j'ai baissé la tête et continué de travailler ; son attitude ne m'affectait pas outre mesure et j'ai fait avec.

RÈGLE 81

Ne critiquez pas votre équipe

Donc vous ne pouvez pas dire du mal de l'entreprise et vous ne pouvez pas critiquer votre patron. Je vous entends dire : « Je peux certainement critiquer mon équipe. » Non, vous ne le pouvez pas en public. En privé, lorsqu'il n'y a personne d'autre que vous, et vous seul, alors, et alors seulement, vous êtes autorisé à pousser un petit cri silencieux quand les choses partent vraiment dans le décor, mais en dehors de cela, taisez-vous.

C'est l'histoire du mauvais ouvrier qui se plaint de ses mauvais outils. Votre équipe est l'outil à votre disposition pour accomplir votre travail de manager. Si votre équipe est nulle, c'est que vous n'avez pas aiguisé vos outils, ne les avez pas huilés, n'en avez pas retiré la rouille, n'avez pas réparé la poignée, n'avez pas remplacé les pièces usagées, ni vérifié si elles étaient en bon état.

Votre équipe fera des erreurs, c'est acquis. Certaines choses se passeront mal, cela aussi est acquis. Vous travaillez avec des personnes ; elles se plantent de temps en temps, sont parfois émotionnellement perturbées, vous laissent tomber, n'arrivent pas à travailler en équipe, tirent au flanc, mais la plupart du temps, elles se comportent parfaitement normalement. Vous seriez un imbécile de ne pas vous attendre aux éventuels ratés de votre équipe, de ne pas les avoir prévus, de ne pas en avoir tenu compte dans vos projets.

Les choses vont parfois mal et critiquer votre équipe n'arrangera rien. Retenez-en quelque chose et avancez.

Vous devez féliciter publiquement ceux qui permettent à l'entreprise de se rapprocher de la réalisation de sa vision et de son objectif stratégique – autrement dit, votre équipe. Lorsque vous parlez de vos collaborateurs en mal, vous vous focalisez sur le négatif, ce qui les entraîne dans une spirale descendante. Lorsque vous faites leur éloge, vous les tirez vers le haut.

Lorsque vous parlez en mal de votre équipe, vous parlez en mal de vous-même et admettez publiquement que vous êtes un mauvais manager. Ne le faites pas, car ce n'est pas le cas.

RÈGLE 82

Acceptez que vos patrons vous demandent de faire des choses qui ne marcheront pas

Ce n'est pas parce que vous faites bien votre travail que tout le monde en fait autant. Malheureusement, certains patrons sont nuls. Ils vous demanderont parfois de faire des choses dingues. Ils donneront des ordres si manifestement bizarres que vous ne pourrez vous empêcher d'avaler de travers ou ils vous demanderont de faire des choses qui ne marchent pas du tout. Comment devez-vous réagir? Vous disposez de différentes options :

- refuser ;
- partir ;
- chercher conseil auprès de votre syndicat ou de votre organisme professionnel si vous en avez un ;
- demander conseil auprès des ressources humaines ;
- demander conseil auprès d'autres managers ;
- demander conseil auprès du patron de votre patron ;

- mettre vos préoccupations par écrit ;
- vous y mettre, tout en maugréant beaucoup ;
- vous y mettre, avec un grand sourire et en sifflotant ;
- discuter de vos doutes avec votre patron.

Il serait de bonne politique, au départ, d'aller voir votre patron et de lui parler, en tête à tête, de manière informelle, par exemple, en prenant un café. Il s'agit de bavarder, ne soyez pas trop pesant. Soulignez le fait que ses instructions vous posent un problème. N'en faites rien de personnel. Ne l'attaquez pas. Ne lui dites pas qu'il est nul. Expliquez que c'est vous qui avez un problème. Votre patron et les instructions sont parfaits, mais vous ne vous sentez pas à l'aise. Mettez fermement le problème entre ses mains. S'il maintient ses instructions insensées, terminez votre entretien en expliquant que vous continuez à ne pas vous sentir à l'aise et que vous aimeriez pouvoir prendre un autre avis. Demandez si vous pouvez inscrire vos préoccupations au dossier et s'il peut en faire de même.

Vous devez parfois admettre que les patrons ne savent pas ce qu'ils font, qu'ils ne changeront pas et que vous devez faire avec.

Ou vous pouvez tout simplement refuser cet état de fait et partir. À vous de décider. La règle est que vous devez accepter que ce genre de problèmes arrive de temps à autre.

RÈGLE 83

Acceptez que les patrons puissent parfois avoir aussi peur que vous

Pauvres chéris, eux aussi prennent peur, deviennent paranoïaques, se sentent perdus, mal aimés, désorientés, déboussolés, vulnérables et seuls.

Votre travail consiste à soulager la souffrance et les peurs de vos patrons, et leur permettre de se détendre.

Vous êtes un manager, tenu de gérer non seulement ce qui se passe en bas, mais également ce qui se passe en haut. Lorsque vous avez affaire à votre patron, vous ne devez jamais :

- menacer ;
- usurper ;
- intimider ;
- pressuriser ;
- manquer de respect ;
- mettre en doute (sauf dans le cadre de la règle 78) ;
- saper ;

- ridiculiser.

à la place, vous devez lui apporter votre appui, le soutenir, l'encourager, le réconforter, le consoler, le féliciter, soulager la pression, lui montrer qu'il peut entièrement compter sur vous, diminuer la tension, garder la maison et finalement peut-être le remplacer – vous-même, bien entendu.

Certains patrons sont tellement saisis de panique qu'ils deviennent incapables de prendre des décisions. Vous devrez décider pour eux et les rassurer : tout va bien, l'infirmière est là maintenant, ils peuvent aller s'allonger.

RÈGLE 84

Évitez la pensée carcan

Lorsque vous avez le nez dans le guidon et que les problèmes vous tombent dessus de tous les côtés, il est facile d'oublier que vous êtes censé être un manager novateur, créatif, à la pointe. Nous l'oublions tous. Nous avons le nez tellement collé sur notre travail que nous perdons de vue le fait que nous pouvons inventer, inspirer, mener, stimuler – et dire : « Oui. » Votre équipe vient vous voir avec une nouvelle idée et vous êtes tellement las de lutter contre la bureaucratie, le système, la météo et votre trajet entre chez vous et le bureau, que vous répondez simplement non, quelle que soit la suggestion. Votre « non » dissimule souvent des pensées comme « Laissez-moi tranquille, je suis trop occupé/stressé/irritable pour réfléchir à cela maintenant ». Vous reconnaissez-vous ? Je parie que oui, parfois. Nous nous reconnaissons tous dans ce genre de comportement.

Vous devez vous débarrasser du carcan. Vous devez lever la tête. Vous devez examiner les différentes options et penser : « Pourquoi pas ? » et « Qu'est-ce qui se passerait si nous le faisions ? ». Vous devez cesser d'être contraint par la pression et le travail.

Comment verriez-vous votre travail, votre service, votre équipe si vous arriviez de l'extérieur, pour faire votre travail pour la toute première fois ?

Quels changements y apporteriez-vous? Qu'est-ce que vous ne changeriez pas?

Pensez à ce que vous feriez si vous vous placiez du point de vue de vos clients: qu'est-ce qui est logique? qu'est-ce qui ne l'est pas?

Il est terriblement aisé de s'enliser dans les petits détails, au point d'oublier de prendre du recul et de regarder tous les jours les choses d'un œil neuf. Mais si nous devons être, tout simplement, les meilleurs managers ayant jamais foulé la Terre, nous devons rester frais ou disparaître à la manière des dinosaures. Rester frais signifie être ouvert à la nouveauté: nouvelles idées, nouvelles suggestions, nouveaux concepts et nouvelles directions.

RÈGLE 85

Agissez et parlez comme si vous étiez l'un d'eux

D'accord, avant de devenir vraiment l'un d'eux, vous devez vous entraîner à devenir l'un d'eux. Vous êtes manager junior? Analysez la manière dont les managers moyens marchent et parlent et tenez-vous prêt à devenir l'un d'eux.

Vous êtes manager moyen? Agissez et parlez comme si vous étiez déjà manager senior. Et ainsi de suite, jusqu'à ce que vous atteigniez le sommet.

J'ai failli oublier cette règle lorsque je suis devenu pour la première fois directeur général d'une société. J'ai continué à me comporter comme si j'étais manager senior. Les ventes n'allaient pas aussi bien que je le souhaitais. J'organisais des ventes grands comptes et ne parvenais pas à parler aux bonnes personnes. J'ai lu quelque part que seuls les rois parlaient aux rois. Je me suis fait roi (remplacez « roi » par « directeur général » et vous verrez ce que je veux dire). Les portes, qui jusque-là étaient restées fermées, se sont immédiatement ouvertes et les ventes ont dépassées mes attentes.

Vous feriez bien de vous entraîner dès maintenant, si vous devez un jour être roi. Regardez les gens plus seniors que vous. Examinez la manière dont ils répondent au téléphone, parlent au personnel, comment ils s'habillent, quel journal ils lisent, comment ils viennent au bureau, ce qu'ils font au travail et comment.

Récemment, j'ai rencontré le directeur général d'une très grosse société ; j'ai été très impressionné par la manière amicale et informelle dont il se comportait avec ses employés – lesquels l'adoraient, manifestement – et à quel point il semblait détendu. En tout cas, il l'a été jusqu'à ce que nous commencions nos négociations. Manifestement, il maîtrisait parfaitement son affaire et connaissait sur le bout des doigts les faits et chiffres dont il avait besoin. Je l'ai regardé comme ma prochaine étape, en quelque sorte. Il est, pour moi, « l'un d'eux ».

Et pour finir, même si vous montez très haut, ne marchez jamais sur les autres – au grand jamais.

RÈGLE 86

En cas de doute, posez des questions

Pourquoi ne posons-nous pas davantage de questions? De peur que nos interlocuteurs ne jugent nos connaissances insuffisantes? Les gens les plus avisés sont ceux qui interrogent, tout le temps, et ils en tirent profit, invariablement. Il ne s'agit pas d'une stratégie spécifique destinée à atteindre un objectif particulier, mais d'une approche générale, qui peut être bénéfique à bien des égards.

Pour commencer, poser davantage de questions permet d'en apprendre beaucoup sur votre équipe: « Pourquoi pensez-vous que nous abordons le problème de la mauvaise manière? », « À ton avis, qu'est-ce qui ralentit le processus de facturation? », « Comment aborderiez-vous ce client? » Peut-être obtiendrez-vous des solutions que personne ne vous aurait soumises autrement. Et vous encouragerez l'équipe à exprimer des avis, à faire des suggestions ou à soumettre des idées.

Poser des questions est aussi fort utile lorsqu'on est acculé. Voyez ce que font les hommes politiques lorsqu'ils sont interviewés par des journalistes qui les mettent en difficulté. C'est une manière classique de s'en sortir. Si votre patron vous demande d'expliquer un point difficile, répondez par: « Qu'est-ce qui vous fait penser cela? » ou « Est-ce que c'est une remarque que nos clients vous ont faite? » Au minimum, cela vous fera gagner un peu de temps. Et avec de la chance, cela vous fournira des informations utiles.

Les questions permettent aussi de faire comprendre à quelqu'un qu'il a un comportement absurde sans lui dire qu'il a un comportement absurde – une stratégie particulièrement utile face à un supérieur idiot. Au lieu de dire : « Ca ne marchera jamais » ou autre chose d'aussi explosif, dites simplement : « Quel résultat en escomptez-vous ? » ou « Comment pensez-vous que l'équipe créative réagira à cela ? » ou « Comment cela va-t-il améliorer nos performances ? » ou « À votre avis, quel impact cela aura-t-il sur les ventes ? »

Tant que la question est posée sur un ton bienveillant, à titre d'information, il est peu probable que votre interlocuteur en prenne ombrage.

C'est pourtant un moyen très efficace d'attirer l'attention sur une faille dans un projet et de faire reconnaître à autrui ses erreurs sans avoir formulé la moindre accusation.

Il est légitime de poser des questions lors du démarrage d'un nouveau projet, et en général, les gens le font. Ce qui est plus rare, c'est un manager qui continue à poser des questions, et même des questions difficiles, tout au long du projet, pour s'assurer qu'aucun aspect n'est oublié. Cependant, c'est le genre de manager que vous serez, à compter d'aujourd'hui. Bien trop de gens, une fois la proposition acceptée ou le projet lancé, laissent les choses suivre leur cours. Et lorsqu'un problème survient, ils le gèrent. En revanche, en continuant à poser des questions, vous réussirez sans doute à identifier les problèmes avant qu'ils ne surviennent.

RÈGLE 87

Montrez que vous comprenez le point de vue des subalternes et des chefs

Il est difficile d'être un subalterne ; nous le savons tous par expérience. Vous êtes soumis à de nombreuses directives, de personnes diverses, d'une manière qui vous horripile et vous met en colère.

Mais être manager ne vaut souvent guère mieux. Vous voilà coincé maintenant entre les deux. Vous vous faites tirer dessus par le personnel et vous êtes en plus la cible de toutes les directives dingues du président. Vous n'êtes plus un subalterne, mais vous n'êtes pas encore un chef. Vous êtes l'intérieur du sandwich. Vous allez vous en prendre des deux côtés, d'en haut et d'en bas.

Une des meilleures façons de relâcher la pression est de faire savoir à ceux qui sont en dessous de vous comme à ceux qui sont au-dessus que vous comprenez leur point de vue.

Ne vous contentez pas de sourire en disant : « Oui, je sais », lorsqu'il est manifeste que ce n'est pas le cas. Faites en sorte qu'ils sachent que vous comprenez leurs besoins et leurs manques, leurs griefs et leurs exigences, leurs peurs et leurs espoirs, du haut en bas de la chaîne.

Le moment venu, vous devrez parfois vous ranger du côté des chefs. Lorsque vous pensez qu'ils ont raison, bien entendu. évidemment, cela déplaira fortement à vos sous-fifres – autrement dit, de manière non politiquement correcte, votre équipe – en particulier parce que les gens n'apprécient pas les changements (surtout ceux qu'ils ne comprennent pas). Voilà le bon moment de les laisser vous dire ce qu'ils ressentent et de leur répondre que vous les comprenez, et de leur expliquer pourquoi les chefs ont pris une telle décision.

Si vous êtes vraiment bon, vous apprendrez un jour à expliquer aux chefs comment les sous-fifres perçoivent les choses, en utilisant des termes qu'ils comprendront – et vice versa. Si vous arrivez à faire comprendre aux sous-fifres pourquoi les chefs estiment que quelque chose qui n'est pas dans leur intérêt est justifié, vous êtes en bonne voie de devenir un génie du management.

RÈGLE 88

Ajoutez de la valeur

Voici quelques années, j'ai vu une émission télévisée, *Question Time*, dans laquelle le journaliste, Robin Day, a posé une question à l'un des invités. Celui-ci a répondu : « Là, je vais répéter ce que je vous ai dit tout à l'heure... ». Le journaliste lui a coupé la parole, en disant : « Inutile, dans ce cas. Passons à quelqu'un d'autre », laissant son interlocuteur sans voix.

J'ai été sidéré par le sens de la répartie de Robin Day et – plus important – par la pertinence de sa remarque. En effet, à quoi bon parler quand on n'a rien à ajouter ? Et pourtant, les gens le font en permanence. Ils répètent ce qu'ils viennent de dire. Ils reformulent des propos déjà énoncés. Ils disent des choses totalement dépourvues d'intérêt. Pourquoi ? À leurs yeux, quel est l'intérêt ? Et pourquoi, à leur avis, leur a-t-on demandé de s'exprimer s'ils n'ont rien d'utile à dire ?

Si vous avez envie d'être respecté, vous devez avoir écouté ce qui s'est dit, lu les informations qui vous ont été communiquées, fait des recherches, réfléchi à la question – et avoir un avis que vous pourrez étayer. De plus, vous aurez des solutions novatrices, des suggestions inventives, des approches originales, des idées constructives à proposer. Vous voulez impressionner, oui ou non ?

Peut-être trouverez-vous utile d'écouter ce que les gens disent en réunion avant de leur attribuer secrètement une note de 1 à 10, en fonction de l'intérêt de leurs interventions dans la discussion. Cela vous en dira long sur les autres managers. Vous verrez que ceux qui obtiennent les meilleures notes sont aussi les forts potentiels.

Les gens qui n'ont rien à apporter à la discussion mais qui trouvent quelque chose d'inintéressant à dire ne sont d'aucune utilité et ils font perdre du temps à tous. J'ai assisté à des réunions qui auraient pu être écourtées de plusieurs heures en supprimant tout le bavardage inutile émanant de participants qui n'avaient rien d'intéressant à dire. Ce n'est pas un comportement digne d'un manager qui respecte les Règles d'or. Interdisez-vous formellement ce genre de chose.

Vous devez placer la barre plus haut – peu importe que les autres s'y tiennent ou pas.

Et soyez assuré que même si certains collègues ne semblent pas le remarquer, vos supérieurs, eux, sauront que vous êtes une personne digne d'être écoutée, dont les contributions sont porteuses de valeur.

Que faire, alors, si vous n'avez rien d'utile à dire ? Ou si vous avez déjà exprimé votre point de vue et qu'on sollicite de nouveau votre avis ? Dans ce cas, ne vous exprimez pas. Dites poliment que vous n'avez rien – ou rien de plus – à ajouter.

RÈGLE 89

Ne revenez pas sur vos positions : tenez bon

Il y a des occasions où vous êtes sûr de vous et savez que vous avez raison. Lors de ces occasions, vous devez parfois défendre votre position. Vous devez être prêt à la soutenir ou à vous taire. Vous devez être prêt à vous battre pour vos convictions.

Si votre travail vous passionne, vous le ferez bien.

Il n'est pas nécessaire de vous montrer agressif : il suffit d'être résolu. Si on cherche à vous intimider, dites-le haut et fort : il y a des chances que la personne qui vous harcèle recule rapidement.

Il n'est pas nécessaire de vous montrer grossier, il suffit d'avoir confiance en vous. Si quelqu'un fait courir de faux bruits à votre sujet, au sujet de votre équipe ou de vos résultats, attrapez-le par le col. Indiquez-lui clairement votre position : « Il paraît que vous faites courir tel ou tel bruit. Ce que vous dites est faux et je vous remercie de cesser. »

Vous n'avez pas besoin d'être en colère, juste d'être suffisamment sûr de vous et très bien préparé. Lorsque quelqu'un passe son temps à critiquer tout ce que vous suggérez en disant « Oh, cela ne marchera pas, nous avons déjà essayé et cela a échoué », tenez bon et ne revenez pas sur vos positions. Répondez : « Oui, c'est vrai et voici les chiffres qui montrent pourquoi cela n'a pas marché. Et voilà mon rapport qui explique pourquoi cela va marcher cette fois et quelles sont les différences. »

Ne prenez pas le risque de vous faire renvoyer, mais défendez vos convictions.

Si votre patron omet de vous donner un retour d'information approprié sur votre travail, continuez de travailler dur. Demandez-lui : « Comment pourrais-je améliorer mes résultats la prochaine fois ? Que pourrais-je entreprendre pour obtenir l'augmentation que vous venez de me refuser ? à quel poste me voyez-vous dans un an ? Que pouvons-nous faire pour améliorer les ventes ? » Continuez de renvoyer la balle dans son camp jusqu'à ce qu'il soit obligé de vous donner des réponses adéquates.

Vous n'avez pas besoin d'ergoter, juste de vous montrer conciliant. Si votre patron vous suggère de prendre quelques raccourcis illégaux, ne lui opposez pas un refus direct, au risque d'engendrer un conflit. Répondez plutôt : « Ah. Et que ferons-nous si les médias/auditeurs tombent dessus ? » Ne refusez pas mais maintenez vos convictions : vous lui offrez ainsi une porte de sortie. Il pourra revenir sur sa position diplomatiquement, sans perdre la face.

RÈGLE 90

Ne faites pas de politique politicienne

Les politiciens sont des personnes payées pour faire de la politique. Ce n'est pas votre cas : vous êtes un manager. Vous gérez des situations et des projets. Les hommes n'ont pas besoin d'être gérés : ils se gèrent eux-mêmes. Certains, parfois, s'écartent du chemin et jouent à des fins politiques. Vous n'avez pas besoin de les suivre. Avez-vous envie de jouer avec le feu ? Vous êtes voué à vous faire mal et à vous brûler. Jouer à des fins politiques consiste à utiliser les autres pour servir ses propres fins, lesquelles, si vous jouez correctement, seront désagréables, égoïstes, étroites d'esprit et mesquines. Jouer à des fins politiques nécessite invariablement de faire de l'intimidation, de se montrer sournois, d'obtenir que les choses soient faites en mentant ou en utilisant d'autres méthodes malhonnêtes, ne pas être soi-même ou être faux à l'égard des autres et généralement se comporter de manière exécrable. Voilà, c'est dit et je suppose que vous savez maintenant ce que je pense de la politique politicienne : ça pue.

« Aimez votre voisin, mais choisissez votre quartier. » Essayez de vous entourer des bonnes personnes, de celles qui ne ressentent pas le besoin de faire de la politique politicienne.

Essayez d'être impliqué sur des projets moins en vogue, parce qu'ils attirent moins d'attention, moins de concurrence. Il en va de même de l'équipe ou du service moins en vue : vous pouvez y briller sans être constamment en compétition avec les autres.

Toute entreprise comporte des personnes qui travaillent sans planter de couteaux dans le dos des autres. Repérez-les et faites-en des alliés.

Partagez l'information, toujours. Cela coupe l'herbe sous le pied de ceux qui agissent par calcul politique. Soyez en bons termes avec tout le monde, afin que personne ne vous accuse de faire preuve d'esprit de clique ou de faire cavalier seul.

Et, bien que vous ne fassiez pas de politique politicienne, tenez-vous sur vos gardes : soyez conscient du jeu politique qui se trame et prêt à prendre les mesures appropriées. Méfiez-vous des intentions cachées, des véritables motivations, des campagnes de diffamation, des mensonges, des rumeurs (souvent malveillantes), des allusions selon lesquelles vous ne seriez pas à la hauteur, des manœuvres pour obtenir le pouvoir et le contrôle, des messes basses. Avec de la chance, vous serez très peu confronté à cela et vous pourrez y mettre fin de manière radicale. Certaines sociétés semblent entretenir ce genre de mauvaise conduite et vous aurez beaucoup de mal à faire cesser ces agissements destructeurs. Refusez de rentrer dans le jeu et faites-vous la réputation de quelqu'un qui a du franc-parler, de non-politique – honnête, régulier, ouvert, sincère, sans malice et droit.

RÈGLE 91

Ne dites pas de mal des autres managers

Nous avons vu précédemment comment la concurrence peut vous stimuler, vous encourager, et pourquoi vous ne devez jamais la craindre. Nous parlions alors de la concurrence d'autres industries ou d'autres organisations. Qu'en est-il de celle des collègues et des autres services? C'est la même chose. Ne craignez rien ni personne. Si vous faites bien votre travail, si vous vous montrez audacieux, créatif, rapide – comme je suis certain que vous le faites – vous n'avez rien à craindre.

Si vous refusez de faire de la politique, vous serez perçu comme quelqu'un d'honnête et de digne de confiance.

Vous ne devez jamais critiquer vos collègues ou les personnes appartenant à d'autres services/divisions, ni tirer de conclusions à leur propos, les critiquer, les condamner, les juger ou vous plaindre de leurs comportements.

Si vous le faites, vous serez considéré comme quelqu'un de faible ou de mauvais. D'autres, bien sûr, ne se gênent pas de temps à autre, pour critiquer tel ou tel ouvertement. Mais arrivent-ils à dormir le soir? Peuvent-ils jurer, la main sur le cœur, qu'ils aiment leur travail ? Ne craignent-ils pas plutôt d'être victimes d'un coup monté comme eux-mêmes en ont monté aux autres ? J'ai travaillé avec un certain nombre d'entre eux. Ils crient sur tous les toits qu'ils sont bons et que les autres sont mauvais, mais ils tremblent de peur en privé parce qu'au plus profond d'eux, ils savent qu'ils ne travaillent pas aussi bien que ceux qu'ils critiquent. Que quelqu'un montre vos erreurs du doigt, vous resterez quand même l'empereur, n'est-ce pas ?

J'ai travaillé avec un manager qui passait sont temps à critiquer les autres managers et à dire combien ils étaient mauvais. Chose intéressante, toutefois, il était coupable de tous les défauts qu'il soulignait chez les autres. Nous en riions parce que c'était évident pour tout autre que lui. Il n'était pas conscient qu'en critiquant les autres, il mettait en évidence ses propres défauts.

RÈGLE 92

Partagez ce que vous savez

Cette règle implique que vous serviez de mentor à ceux qui en savent moins que vous. Il n'est pas nécessaire qu'ils en sachent beaucoup moins que vous et que vous en sachiez beaucoup plus qu'eux. Mais si vous partagez tout ce que vous savez, ils en sauront autant que vous.

Certains managers trouvent cela menaçant.
Ce sont des imbéciles.

En partageant ce que vous savez, vous avez seulement formé quelqu'un à vous décharger, quelqu'un qui vous remplacera le jour où vous serez promu.

Certains managers se sentent mal à l'aise à l'idée de partager car ils pensent ne pas en savoir assez. Mais lorsque vous avez étudié l'anglais à l'école, par exemple, il suffisait que votre professeur connaisse la grammaire, les propositions, la ponctuation et ce genre de choses. Vous n'aviez pas besoin qu'il ait gagné un prix littéraire ou le Nobel. Non, un simple professeur d'anglais suffisait.

Il est également important de partager ce que vous savez avec vos collègues. Plus vous donnez, plus vous recevez. Supposez que vous donniez un bout d'information à vingt autres managers. Si seulement la moitié d'entre eux est suffisamment généreuse pour vous renvoyer l'ascenseur, vous disposez alors de dix bouts d'information à ajouter à votre collection. Ils en ont gagné un, et vous en avez gagné dix ; c'est incroyablement facile. Ne me demandez pas pourquoi, mais ils partageront invariablement avec vous plutôt qu'entre eux. Peut-être se sentent-ils obligés à votre égard.

RÈGLE 93

N'intimidez pas les autres

Il ne fait aucun doute que la position de manager vous confère autorité et pouvoir. Gérer cette position est peut-être ce qui distingue les bons managers, comme vous, des mauvais. Vous savez comment utiliser votre pouvoir et n'en abusez pas.

Les gens vous admireront en tant que manager, vous respecteront et même vous craindront. Vous avez le pouvoir de leur donner un travail ou de le leur retirer et ils en auront conscience lorsqu'ils traiteront avec vous. Mais vous devez dépasser cela, en leur apprenant à vous faire confiance. Soyez toujours prévisible afin qu'ils sachent toujours à quoi s'en tenir avec vous et ne leur faites pas peur en les prenant de court. Vous ne devez pas abuser de votre position en intimidant votre équipe.

C'est vrai qu'il existe deux manières d'obtenir que les choses soient faites – la peur et la récompense – et que beaucoup de managers choisissent la première parce qu'ils manquent de confiance en eux et qu'ils ne se sentent pas forts. Contrairement à vous, ils ne se sentent pas à l'aise avec eux-mêmes et cela se ressent dans la manière dont ils intimident ou terrifient leur personnel. Il faut les plaindre. Si vous travaillez vous-même pour un tel patron, essayez de l'améliorer. Vous pouvez peut-être laisser traîner un exemplaire de ce livre pour qu'il tombe dessus.

Beaucoup de managers ne réalisent pas qu'ils déterminent, par leur propre attitude, la manière dont les membres de leur équipe se comportent entre eux et avec leurs clients. Les salariés qui ont la chance d'avoir un manager aimable et coopératif, pour lequel ils aiment travailler et qui se montre sûr de lui se comportent, par mimétisme, de manière aimable et coopérative les uns envers les autres ainsi qu'à l'égard des clients.

Travailler de cette manière facilite la vie et la rend plus productive.

Il est bien plus agréable de travailler au sein d'une entreprise où on utilise la récompense plutôt que la peur pour obtenir que les choses soient faites.

RÈGLE 94

Tenez-vous à l'écart des guerres entre services

J'ai travaillé à un moment pour deux patrons à la fois. Ils étaient tous deux directeurs au sein de l'entreprise et se détestaient cordialement. Chacun avait son programme. Chacun menait une campagne virulente contre l'autre et se servait de nous, les managers comme de fantassins, de pions, de chair à canon. Ce n'était pas agréable. Ils avaient chacun leur propre domaine de responsabilité et tout allait bien tant que vous ne travailliez que dans un seul domaine car vous n'aviez alors qu'un seul patron. Mais si, comme moi, vous deviez fréquemment passer du domaine d'un directeur à celui de l'autre, la vie devenait impossible. Chacun des deux directeurs annulait les directives de l'autre, lui jouait de vilains tours, ne lui parlait pas et, de manière générale, se comportait comme un enfant. J'ai appris, et vite, à me montrer diplomate et tacticien. L'un des directeurs travaillait en haut, l'autre en bas. On m'envoyait de haut en bas et de bas en haut et j'ai appris à m'arrêter sur le palier à mi-chemin et à attendre jusqu'à ce que chacun ait oublié quelle partie de la guerre entre services se déroulait. J'ai également appris – la vilaine chose – à les utiliser l'un contre l'autre, afin d'obtenir ce que je voulais.

J'imagine que cela n'allait pas plus loin que ça, mais j'ai également travaillé pour des sociétés dans lesquelles la rivalité entre services était telle qu'elle perturbait la productivité, mettait les nerfs du personnel à vif et contribuait, je pense, à une importante rotation du personnel. Vous pourriez penser que les directeurs y mettraient fin mais, dans l'exemple décrit ci-dessus, vous verriez que même des directeurs peuvent se montrer tout à fait idiots et infantiles. N'empruntez pas cette voie. Si vous voulez mon conseil, tenez-vous à l'écart de tout cela. Montrez-vous ouvert, honnête et franc dans toutes vos relations ; vous aurez alors bonne réputation et personne ne pourra vous accuser de fourberie.

RÈGLE 95

Montrez que vous vous battrez à mort pour votre équipe

Votre équipe est l'outil que vous utilisez pour faire le travail – quel qu'il soit. Sans équipe – qu'il s'agisse d'une personne seule ou de milliers de personnes – vous n'êtes rien.

Sans équipe, vous n'êtes qu'une page vide qui attend qu'on l'écrive.

Vous devez soutenir votre équipe, la féliciter, vous battre pour elle. Le manager génial – est-il encore besoin de préciser de qui on parle? – suscite loyauté et respect en se comportant en meneur; oui, c'est bien de vous que je parle.

Vous devez faire en sorte que les membres de votre équipe voient que vous n'êtes pas seulement leur mentor, leader, gardien et protecteur, mais également leur champion, leur héros et leur défenseur. Si quiconque cherche à les critiquer, vous devez prendre leur défense. Si quiconque cherche à leur nuire, vous devez vous dépêcher de les protéger.

À l'inverse, vous pourriez choisir de les jeter en pâture aux lions. Voyez jusqu'où cela vous mènerait. Nombreux sont les managers qui semblent croire qu'il s'agit de la bonne option. Qu'en pensez-vous? J'ai travaillé pour et avec un certain nombre d'entre eux, et croyez-moi: ils perdent très vite leurs meilleurs collaborateurs.

Lorsque les membres de votre équipe vous auront vu une fois prendre leur défense, ils sauront que vous prenez leurs intérêts à cœur et que vous ne resterez pas assis sans rien dire si on leur impose quelque chose d'injuste. Ce qui signifie également que, si vous acceptez quelque chose, ils l'accepteront sûrement aussi; ce qui facilite la vie de tout le monde.

RÈGLE 96

Cherchez à être respecté plutôt qu'aimé

Mon Dieu, ne détestez-vous pas purement et simplement ces managers qui prétendent être votre copain, l'un des vôtres, votre pote? Nous avons tous eu l'occasion de travailler avec eux et ils ne sont bons à rien. Ils se font honte autant qu'à leur équipe. Pour être un bon manager, vous devez chercher à rester distant et à inspirer le respect plutôt qu'à être aimé. Réfléchissez : vous désirez que vos collaborateurs vous donnent tout ce dont ils disposent, et non qu'ils vous serrent dans leurs bras et vous paient des tournées au bar.

Vous devez créer une mystique, dégager un air de pouvoir, d'autorité, de gentillesse mais surtout ne pas chercher désespérément à être aimé. Vous devez rester détaché.

Un jour, vous devrez peut-être renvoyer l'une de ces personnes, et vous n'avez pas besoin de vous rendre les choses plus difficiles qu'elles ne le sont.

Un jour, vous devrez peut-être promouvoir l'une de ces personnes et vous ne souhaitez pas qu'on pense que vous faites preuve de favoritisme.

Vos collaborateurs doivent pouvoir vous admirer, vous respecter, vous prendre comme modèle. C'est impossible s'ils vous ont vu vous rouler par terre au bar le vendredi soir, rond comme une queue de pelle, n'est-ce pas? Vous ne pouvez pas créer de mystique si vous essayez trop de copiner avec eux. Maintenez une distance; elle ne sera pas considérée comme de la froideur et vos collaborateurs respecteront l'espace que vous leur donnez.

Maintenez également une réserve physique: pas de claques dans le dos, d'accolades, d'embrassades, ne leur ébouriffez pas les cheveux (j'avais un manager qui faisait cela, ce que je détestais, et je le haïssais – j'étais alors très jeune mais peu importe l'âge), pas de bras de fer (vous pourriez perdre et, croyez-moi, vous perdriez alors tout leur respect), de football au bureau, ni de mêlées d'aucune sorte. Conservez à tout moment votre dignité – et votre style, votre crédibilité, votre rectitude et votre autorité.

RÈGLE 97

Faites bien une ou deux choses et laissez le reste aux autres

L'excellent manager est spécialisé. Vous ne pouvez pas tout faire. Vous ne pouvez pas faire le travail de tout le monde. De toute façon, ce que vous pouvez faire dans une journée est compté.

Mieux vaut choisir les domaines où vous souhaitez vous spécialiser, vraiment exceller à cela et laisser le reste aux autres.

Au sein de mon entreprise, les fonctions de chacun sont clairement définies. J'essaie d'en faire le moins possible. Je pense que plus un manager est bon, moins il en fait ; tout repose sur sa capacité à déléguer.

Personnellement, je m'en tiens à ce que je fais de mieux, à savoir essentiellement parler aux autres managers. Je ne m'occupe pas des ventes, mais j'ouvre des portes aux commerciaux. Je ne m'occupe pas des grands comptes, mais j'établis des contacts pour que les principaux responsables puissent poursuivre leurs négociations. Je ne fais pas de comptabilité, mais je surveille l'équipe comptable. Qu'est-ce que je fais bien? J'organise des réunions pour aider mon équipe à faire son travail et je surveille la politique générale de l'entreprise – son image de marque, son identité sociale, sa place sur le marché. Je dirige la société, mais je ne m'occupe pas de ses produits. Je connais mes limites. Je sais à quoi je suis bon et à quoi je suis mauvais. Je suis nul pour les détails, la routine et le quotidien. Je suis bon pour les projets de court terme, non orthodoxes, intéressants, uniques, orientés vers les gens. Je ne considère pas que les domaines où j'excelle sont supérieurs à ceux où je suis mauvais. Ce serait même l'inverse. J'envie les gens ordonnés, ceux qui arrivent à faire attention aux détails, ceux qui aiment suivre un projet du début à la fin, ceux dont la corbeille de tri est vide et le bureau rangé.

Et vous? à quoi êtes-vous bon? Et mauvais? Comment décririez-vous au mieux les une ou deux choses que vous faites bien.

RÈGLE 98

Cherchez un retour d'information sur ce que vous faites

En général, nous n'allons pas recueillir l'approbation de notre entourage parce que nous suivons notre instinct et savons lorsque nous avons fait du bon travail. Mais obtenir un retour d'information est toujours une bonne chose. Vous devez chercher ces retours auprès de vos pairs, de vos concurrents, de votre équipe, de vos patrons et de vos clients. Vous ne cherchez pas des éloges, de l'approbation, ni de l'amour, juste une remontée d'information. Souvenez-vous que vous êtes tous dans la même équipe – du portier jusqu'au président, que vous allez tous dans la même direction – ou le devriez.

Vous devriez chercher cet écho autour de vous pour :

- identifier vos forces et faiblesses ;
- comparer ce qu'on vous dit avec votre évaluation personnelle de la situation. Vous vous assurerez ainsi que vous êtes sur la bonne voie et que vous vous montrez réaliste dans votre autoévaluation ;
- apprendre des situations où vous vous êtes trompé – ou avez eu raison – pour une prochaine fois ;

- identifier les zones à problèmes, où des actions nécessitent d'être prises et dont vous êtes responsable ;
- voir comment votre équipe accomplit sa tâche – afin d'ajouter cette information à votre propre évaluation.

Voyez-vous, rien de ceci n'implique des louanges ou une approbation (ou de l'amour). Il s'agit d'une appréciation réaliste d'une situation ou d'un projet, afin de vous permettre d'en retirer quelque chose et d'avancer.

Maintenant, comment le demander ? Eh bien, il est facile de demander à vos collaborateurs : « Alors, comment nous en sommes-nous tirés ? » Ils vous répondront facilement.

Ensuite, adressez-vous à votre patron : « Alors, comment m'en suis-je tiré ? » Facile, également.

Auprès des clients ? Demandez : « Pouvons-nous faire quoi que ce soit pour améliorer le service/le produit/les délais de livraison/les spécifications/l'offre ? » Ils vous répondront sans problème.

Auprès d'un collègue ? Demandez-lui simplement : « Peux-tu me dire comment le déménagement s'est passé ? » Ou : « Peux-tu me dire comment tu penses que nous (vous et votre équipe) nous sommes débrouillés avec cette exposition ? » Ou : « Est-ce que par chance quelqu'un pourrait me donner un retour sur l'exercice de diminution des frais/la nouvelle procédure comptable/le taux de remplissage des postes pendant les vacances d'été/la nouvelle attraction du parc à thème ? » Mais ne faites surtout pas précéder vos questions des phrases maladroites du style : « Peux-tu me dire où je me suis trompé ? » ou « Je sais que le déménagement s'est horriblement mal passé mais je ne sais pas où nous nous sommes plantés » ou pire encore : « Peux-tu m'aider ? Je sais que je me suis trompé mais personne ne me dira ce que j'ai fait. » Ne faites part à personne, d'avance, de votre jugement sur la situation.

Laissez vos interlocuteurs vous indiquer ce qui était bien et ce qui ne l'était pas. Acquiescez de la tête à tout, dites : « Merci » et avancez.

RÈGLE 99

Entretenez de bonnes relations et cultivez les amitiés

Un de mes amis a pour rengaine (n'en avons-nous pas tous une?) la phrase suivante: « Ce ne sont pas des manières. » Il l'utilise lorsque quelqu'un lui coupe la parole en réunion ou lui vole ses idées. J'aime beaucoup cette phrase parce qu'elle en dit long sur la brutalité des relations au bureau. Les bonnes manières sont à la fois un concept simple et un vaste sujet.

Il est facile de conserver de bonnes relations et des amitiés au bureau en faisant preuve de bonnes manières. Cela ne signifie pas tenir la porte aux autres ni porter leur valise. Avoir de bonnes manières veut dire se montrer poli, chaleureux, humain, compatissant, serviable, accueillant – toutes ces qualités dont vous faites preuve à l'égard de vos clients, ou devriez faire preuve (je sais que vous le faites).

Tout ceci devient plus délicat lorsque vous devez traiter avec des gens que vous n'aimez pas, avec lesquels vous avez eu des mots dans le passé, qui se sont montrés grossiers ou désagréables avec vous. Pourtant, c'est avec eux que les bonnes manières deviennent essentielles.

Même les personnes les plus grossières et les plus désagréables ont du mal à se montrer impolies lorsque vous êtes plaisant, souriant et ouvert avec elles (tout particulièrement si vous arrivez à leur glisser une petite flatterie sur leur expérience sur tel ou tel sujet – à condition que cela soit justifié, bien sûr).

Essayez de voir vos collègues comme s'ils se comportaient de manière aussi chaleureuse que vous.

Si vous abordez toujours les gens avec un joyeux optimisme, vous vous apercevrez qu'ils n'ont tout simplement pas d'autre choix que de vous répondre de la même manière.

Offrez votre aide lorsque vous le pouvez. Parlez à tous les membres de la société comme s'ils étaient vos égaux – ce qu'ils sont en réalité. Cherchez les bons côtés des gens – trouvez quelque chose à aimer ou à respecter à leur sujet et focalisez-vous là-dessus. Consacrez autant de temps au plus modeste de vos employés qu'au plus important. Traitez tout le monde de la même manière, avec respect et bienséance.

RÈGLE 100

Respectez vos clients et inspirez-leur du respect

J'écoutais l'autre jour à la radio un vendeur épouvantable, un de ceux qu'il faut à éviter à tout prix et j'ai pensé, en prêtant attention à la manière dont il parlait de ses clients, qu'il donnait l'impression d'appartenir à un autre monde que ses clients. Il se montrait condescendant, paternaliste, injurieux à leur égard, les rabaissait et les ridiculisait. Il semblait trouver normal d'abuser les gens – il disait qu'ils n'avaient qu'à lire les mentions en petits caractères et que ceux qui ne le faisaient pas étaient bien bêtes. Le comportement de ce genre de personnage ne m'inspire aucun respect. Je déteste quand ce type de vendeurs me téléphone le soir au moment précis où je m'assieds pour dîner avec mes enfants. Je dispose de toute une panoplie de techniques pour le punir, par exemple prétendre être sourd et l'obliger à crier, dire que je lui passe mon père et laisser le téléphone décroché jusqu'à ce qu'il finisse par raccrocher.

Ne trompez pas vos clients et ne leur mentez pas. Vous avez besoin d'eux.

La relation clients-fournisseurs fonctionne dans les deux sens et est importante. Ce ne sont pas les clients qui causent vraiment des soucis. Ils vous permettent de vous nourrir et de vous habiller, d'avoir de belles voitures et de passer de bonnes vacances. Pourquoi devrais-je me montrer grossier à leur égard? De mon côté, je leur fournis du spectacle, du divertissement, des produits de qualité, une marque dont ils peuvent être fiers, un style de vie auquel ils peuvent croire et le sentiment de faire partie d'une société passionnante et dynamique. Je les respecte pour ce qu'ils me donnent et ils me respectent pour ce que je leur donne.

RÈGLE 101

Faites-en plus pour vos clients

Voici la règle la plus facile de toutes. En faire plus devrait être la première chose qui vous vient à l'esprit lorsque vous vous levez et la dernière à hanter votre cerveau lorsque vous vous couchez le soir. Tout ce que vous faites devrait être motivé par la volonté de pousser le service un peu plus loin. Le problème, c'est que les clients sont vraiment difficiles. Ils veulent des choses, exigent, se plaignent, appellent à des heures indues, s'attendent à un service hors normes, pensent que vous ne devriez travailler que pour eux, protestent lorsque vous déplacez votre centre d'appels en Inde, veulent des réductions de prix, des cadeaux, des promotions « deux pour le prix d'un » et « le premier acheté le deuxième offert », demandent d'être remboursés s'ils ne sont pas contents, des produits de remplacement, des garanties, des mécanismes de sécurité, des produits inoffensifs. Mon Dieu, pour qui se prennent-ils? Je touche une corde sensible? Cela vous rappelle-t-il quelque chose? J'ai travaillé dans des sociétés où le client n'était pas roi mais était considéré comme un empêcheur de tourner en rond.

Mettons une ou deux choses au clair, à ce stade. Une société sans clients ne sert à rien. Cela ne sert à rien de venir. Cela ne sert à rien de fabriquer quoi que ce soit. Cela ne sert à rien de créer quoi que ce soit. Cela ne sert à rien de faire quoi que ce soit. Sans clients, on ne cherche qu'à se rassurer.

Voilà, c'est là que je voulais en venir. Maintenant que nous sommes conscients de l'importance des clients, nous devons trouver des manières d'en gagner, de les conserver, de les satisfaire, de les accueillir, de faire plus pour eux. Il n'est pas nécessaire de se montrer lèche-bottes mais nous devons faire preuve d'imagination dans notre manière de les courtiser. Il est beaucoup moins onéreux d'offrir ses services à un client existant, que de trouver de nouveaux clients. Conservez ceux que vous avez déjà, en vous montrant sympathique avec eux. Je vous propose un exercice rapide : réfléchissez tout de suite à trois manières d'en faire plus pour vos clients.

Une société sans clients ne sert à rien.

RÈGLE 102

Ayez conscience de vos responsabilités et soyez fidèle à vos principes

En tant que manager, vous avez des responsabilités à l'égard des personnes de votre équipe. Vous devez vous assurer qu'elles ne se blessent pas dans le cadre de leur travail. Vous devez vous assurer qu'elles sont en sécurité, en bonne santé, qu'on s'occupe d'elles, bien installées, protégées des produits et machines dangereux et qu'elles portent, si besoin est, les tenues de sécurité appropriées.

De la même manière, vous avez aussi des responsabilités à l'égard de l'environnement. Vous ne devez rien accomplir qui pourrait faire du mal, entraîner des dommages durables, mettre en péril la santé ou la vie de quelqu'un. Vous ne devez pas permettre que l'activité de votre société entraîne des dégradations ou ait des conséquences nuisibles sur l'environnement. Vous n'avez pas besoin d'être un combattant écologique, mais vous avez la responsabilité de ne pas faire de mal ou de ne pas causer de dommages. Pouvez-vous, la main sur le cœur, jurer que vous assurez « proprement » vos fonctions de manager?

Vous devez avoir des principes : vous ne causerez ni de mal, ni de dommages. Vous devez vous fixer une limite à ne pas dépasser.

Vous devez donner quelque chose en retour. Vous devez savoir ce qui se passe autour de vous. Vous devez savoir en quoi votre industrie contribue – ou ce qu'elle retire – à l'environnement.

Il ne s'agit pas de contes de fées ni de gentils délires de hippies ou de croyances karmiques – c'est la réalité. Plus vous donnez, plus vous gagnez. Comportez-vous bien et dormez sur vos deux oreilles. Ce n'est pas une mauvaise philosophie de vie.

Pouvez-vous, la main sur le cœur, jurer que vous assurez « proprement » vos fonctions de manager ?

RÈGLE 103

Soyez toujours droit et dites la vérité

Cette règle n'est que la continuation de la règle précédente. évidemment, si vous pensez que votre patron est un idiot, ne lui dites pas – ce serait pousser l'honnêteté un peu trop loin. Mais ne mentez pas, ne trichez pas, ne volez pas, ne maltraitez pas les autres, ne les escroquez pas, ne profitez pas d'eux, ne les arnaquez pas, ne les roulez pas, ne vous mettez pas sur leur chemin, n'empirez pas leur situation.

En qualité de manager, on vous a confié une position privilégiée – de confiance et d'honneur. Vous êtes responsable de vies humaines. Si vous échouez, des gens vont souffrir. Lorsque vos collaborateurs rentrent chez eux après avoir travaillé toute la journée pour votre compte, ils continuent de vivre, respirer, ressentir, aimer, souffrir, rêver et espérer. Si vous les contrariez, les maltraitez ou leur mentez : ils ramènent cela chez eux et cela affecte leur famille, leurs amis et leur entourage proche. Vous devez toujours leur dire la vérité. Si vous n'avez rien à leur dire de bien, ne leur dites rien, mais ne mentez pas.

Ne mentez pas à vos patrons. Ils ne vous paient pas pour cela. Ils vous paient pour que vous soyez loyal et disiez la vérité. Si vous savez que vous ne parviendrez pas à atteindre les chiffres qui vous ont été fixés, n'esquivez pas le problème : dites-le-leur. Ils peuvent alors prendre des mesures pour vous aider à atteindre vos objectifs ou pour éviter les répercussions possibles d'un échec. Ils seront peut-être déçus, mais vous seront reconnaissants de les avoir avertis. Mieux vaut être informé des problèmes, qu'espérer et être déçu.

Ne mentez pas à vos clients. Bien entendu, il existe plusieurs manières de dire la vérité. Lorsqu'un client vous demande si vos produits sont supérieurs à ceux de vos concurrents, vous n'avez pas besoin de mentir car ils le sont – sinon vous travailleriez pour la concurrence, n'est-ce pas? Mais s'ils vous demandent si vos produits se vendent bien et que ce n'est pas le cas, vous pouvez vous autoriser à dire la vérité de manière poétique. Dites : « Nous avons été en quelque sorte surpris par les ventes jusqu'à présent, mais on peut toujours faire mieux », plutôt que « C'est une vraie catastrophe, mais nous espérons que vous allez nous en prendre un paquet ».

En qualité de manager, on vous a confié une position privilégiée – de confiance et d'honneur.

RÈGLE 104

Ne rognez pas sur les coûts : vous le regretterez

Vous fabriquez peut-être des avions – avez-vous l'intention de rogner sur les coûts? d'utiliser pour les ailes des métaux de qualité inférieure? de remplacer des pièces du moteur par des pièces provenant d'une casse? Je ne le pense pas. Vous seriez très vite repéré. Hé, la tendance à assigner devant les tribunaux les managers responsables des blessures subies par les utilisateurs de leurs produits jugés défaillants (que ce soit au niveau de la conception, de la fabrication ou à la suite de coupes dans les dépenses) est à la hausse. À juste titre. Si nous étions tous personnellement responsables de ce que nous faisons dans nos vies professionnelles, les choses iraient peut-être beaucoup mieux. Fin de la leçon.

Peut-être ne fabriquez-vous pas d'avions. Peut-être ne fabriquez-vous rien. Peut-être programmez-vous simplement des ordinateurs. Une activité sans danger. Vous ne pouvez blesser personne, pas vrai? Non? En êtes-vous certain? Réfléchissez bien. Pensez aux scénarios les plus pessimistes et soyez préparé au fait que quelle que soit votre activité, vous serez, en tant que manager, responsable si quelqu'un se fait mal, est blessé, diminué, tué ou si quelque chose est endommagé, contrarié dans son fonctionnement – pour ne citer que cela.

Cela ne vaut pas peine de rogner sur les coûts – vous vous ferez toujours prendre. C'est la loi de l'emmerdement maximum. Je sais que vous pouvez tomber de Charybde en Scylla, votre patron vous demandant de faire quelque chose, votre petite voix intérieure rétorquant que c'est de la folie, mais vous avez besoin de votre travail, avez un emprunt immobilier à rembourser ; il est plus facile de se taire et de prétendre que tout va bien. Ce n'est pas vrai. On vous trouvera.

Si nous étions tous personnellement responsables de ce que nous faisons dans nos vies professionnelles, les choses iraient peut-être beaucoup mieux.

Vous devrez remuer ciel et terre pour prouver à votre patron que tirer sur les coûts est une perte de temps. Le bon vieil argument : « Mais que feront les medias/auditeurs s'ils tombent dessus ? » fait souvent des merveilles. Vous pouvez aussi lui demander comment la société est assurée ou si le service juridique a examiné les coupes dans les dépenses proposées. S'il vous répond « Je n'ai pas pris le soin de le leur expliquer », prenez-vous la tête entre les mains et hurlez : « Oh, non, je travaille avec un fou ! » L'humour permet à votre interlocuteur de réaliser qu'il a dépassé les bornes et qu'il doit réfléchir à une autre politique.

RÈGLE 105

Trouvez un bon sparring-partner

Le management n'est pas un métier facile. Certes, il y a des jours où tout roule. Mais tôt ou tard, des problèmes épineux se posent – gérer une personnalité difficile, trouver la solution adéquate à un problème, décider la meilleure utilisation d'un budget.

Ce qu'il vous faut, c'est une autre paire d'oreilles – une personne qui fera office de sparring-partner, ou de caisse de résonance. Elle devra comprendre les enjeux des problèmes. Par conséquent, il est sans doute préférable qu'elle fasse partie de l'entreprise. D'un autre côté, impossible d'aborder certaines questions avec des collègues juniors, surtout si elles concernent d'autres managers. Et parfois, vous n'avez pas envie d'en discuter avec votre boss – surtout si cela le concerne !

Identifier le bon interlocuteur n'est pas aisé. Cependant, efforcez-vous de trouver quelqu'un à qui vous pourrez parler. À défaut, certains problèmes paraîtront plus difficiles. De plus, vous risquez d'accumuler tant de frustrations que vous vous en ouvrirez aux mauvaises personnes.

La meilleure solution consiste généralement à trouver un manager aussi senior que vous, mais dans un autre département.

Une personne discrète, à qui vous pourrez faire confiance,

dont vous respectez le jugement et qui trouvera du temps pour vous.

S'il n'est jamais là, votre interlocuteur ne vous sera guère utile. L'idéal serait bien sûr que la relation soit réciproque : ainsi, vous pourrez vous épauler mutuellement. Cela permet aussi d'avoir un équilibre sur le plan de la confiance. La personne n'ira pas répéter à votre patron les propos que vous avez tenus sur lui si elle aussi vous a fait des confidences.

Bien évidemment, vous n'êtes pas obligé de vous limiter à un seul sparring-partner. Cependant, il est impossible de discuter des aspects les plus confidentiels de votre job avec plusieurs dizaines de personnes. Même elles savent toutes tenir leur langue – ce qui est peu probable – quasiment tout votre entourage connaîtra vos inquiétudes les plus intimes et vos faiblesses, ce qui n'est guère souhaitable. En revanche, plusieurs pairs pourront faire des sparring-partners efficaces – par exemple, l'un pour les questions de personnel et l'autre qui a une bonne approche des questions de stratégie. Et dans certains cas, une personne extérieure à l'entreprise peut apporter un éclairage intéressant, car elle n'est pas submergée par une foule de détails, comme vous l'êtes. Il peut s'agir de votre conjoint, ou d'un ami proche, ou de votre mère, ou d'un ex-collègue. Quelqu'un qui permettra de voir les choses sous un jour différent.

RÈGLE 106

Commandez et prenez la responsabilité des choses

Vous êtes un manager, alors dirigez. Diriger signifie diriger et rien d'autre : diriger de manière à travailler efficacement ; diriger pour être le responsable ; diriger pour commander.

Il semble qu'un nouveau mouvement se profile, selon lequel les managers auraient peur de commander. Ces derniers seraient réticents à assurer la direction par crainte de déplaire à leurs collaborateurs et redouteraient d'être traités de dictateurs. C'est complètement faux. Les équipes dirigées par de bons managers, forts et assumant leur autorité vont beaucoup plus loin que les autres parce qu'elles savent qu'elles ont un capitaine à la barre. Sans capitaine, nous nous retrouvons complètement déboussolés – perdus, effrayés, sur le point de nous écraser sur les rochers. D'une certaine manière, il importe peu de savoir qui est notre capitaine, tant que quelqu'un tient le gouvernail. Nous savons tous que la vraie navigation repose en réalité sur le second. Le capitaine peut donc être n'importe qui. Mais le second ne peut pas faire son travail si personne ne tient le gouvernail.

Vous devez vous conduire en héros pour votre équipe et en bon second pour votre patron. Vous devez montrer que vous êtes :

- quelqu'un sur qui compter ;
- digne de confiance ;

- solide ;
- sérieux ;
- fidèle ;
- dévoué ;
- loyal ;
- enthousiaste ;
- quelqu'un de responsable.

Eh oui, vous devez avoir toutes ces qualités démodées. Lourde tâche, ma foi. Mais la récompense est immense. Si vous faites bien votre métier, si vous respectez les règles et jouez le jeu de manière franche, être manager est un métier fabuleux.

Les équipes dotées de bons managers, solides, plein d'autorité vont beaucoup plus loin que les autres parce qu'elles savent qu'elles ont un capitaine à la barre.

RÈGLE 107

Soyez l'ambassadeur de votre entreprise

J'espère que vous n'aurez pas besoin de « faire de la lèche » pour être l'ambassadeur de votre entreprise, mais vous devrez vous montrer diplomate. La société pour laquelle vous travaillez vous rendra, parfois, dingue et vous donnera, d'autres fois, infiniment de satisfaction. Si vous parvenez à vous tenir à l'écart de la politique et des médisances qui existent dans toute organisation, vous vous débrouillerez parfaitement. Acceptez que chaque société ait ses bons et mauvais côtés. Concentrez-vous sur les bons et montrez-vous incroyablement fier que votre entreprise ait eu le bon sens d'embaucher l'un des meilleurs managers existant sur le marché – à savoir vous.

Dites beaucoup de bien de votre société partout où vous allez et dans toutes les circonstances. Vos paroles remonteront jusqu'au siège social et vous rendront encore plus fier de votre poste, car rien ne génère autant de fierté que d'être fier (c'est l'opposé du cercle vicieux : ce que l'on pourrait appeler un cercle vertueux).

Si quelqu'un se plaint, écoutez-le, répondez-lui que vous allez voir ce qui est arrivé et que vous reviendrez vers lui – et faites-le.

Se comporter comme un ambassadeur vous oblige à vous interroger sur ce que représente votre société et vous oblige à vous demander si vous êtes heureux de travailler pour elle. Si la réponse est positive et que vous soyez déjà fier de travailler pour elle, tant mieux. Mais si vous avez des doutes, peut-être convient-il de faire un peu d'introspection avant de poursuivre. Ne jetez pas l'éponge tout de suite – vous pourriez être encore utile au sein de la société, les choses peuvent toujours changer.

De même que vous en feriez plus pour un client, trouvez moyen d'en faire plus pour votre entreprise. Cela ne signifie pas que vous deviez vous comporter en béni-oui-oui, en larbin ou en paillasson. Vous pouvez vous montrer solide, fier, indépendant, rebelle et rester l'ambassadeur de votre société.

Devoir être un ambassadeur vous oblige à vous interroger sur ce que représente votre société.

Fin de l'exercice

D'accord, je ne vous donne plus de règles. Ceci est votre livre. Gardez-le secret, mettez-le à l'abri. Si vous ne laissez personne d'autre le lire, vous aurez une longueur d'avance sans rien faire de spécial.

J'ai infiniment aimé être manager et j'apprécie toujours cette fonction. Mon travail m'a apporté beaucoup de satisfactions et parfois aussi beaucoup de stress. Mais, j'ai toujours vécu cela comme une aventure, passionnante.

Au fil des années, j'ai découvert les règles fondamentales décrites dans cet ouvrage. Règles que l'on ne vous enseignera jamais, je pense, au cours d'un week-end ou lors d'une formation au management. Ces règles m'ont nourri et accompagné de nombreuses années, de mon humble poste de manager junior jusqu'à celui de président de ma propre société. J'espère qu'elles vous seront utiles.

Je ne m'attends pas à ce que vous les appreniez toutes, les mettiez toutes en pratique, ni à ce que vous soyez d'accord avec toutes. Mais je suis sûr qu'elles serviront de point de départ utile à une prise de décision réfléchie et à un management conscient. Elles vous transformeront en manager averti et habile.

Lorsque je faisais des recherches pour ce livre, j'ai discuté avec de nombreux autres managers pour connaître les règles secrètes selon lesquelles ils conduisaient leur vie ; j'ai été stupéfait de constater que nombreux étaient les managers dont l'école de pensée était : « Préparez-leur un traquenard, poignardez-les dans le dos, hissez-vous jusqu'en haut ». Triste constat, en réalité. Ces managers malhonnêtes étaient tous maigres et semblaient stressés, hagards et incapables de se détendre. Ceux qui appliquaient les règles définies dans cet ouvrage, au contraire, avaient l'air plus heureux, plus détendus et beaucoup plus à l'aise avec eux-mêmes et avec leurs collaborateurs. En outre, ces derniers les respectaient et appréciaient de travailler pour eux et avec eux. Voilà un constat beaucoup plus positif.

Bonne chance.

J'ai toujours vécu la fonction de manager comme une aventure passionnante.

Si vous avez des remarques à me faire ou si vous souhaitez me faire part de Règles de votre cru, écrivez-moi à l'adresse suivante : richard.templar@richardtemplar.co.uk.

Pour l'éditeur, le principe est d'utiliser des papiers composés de fibres naturelles renouvelables, recyclables et fabriquées à partir de bois issus de forêts qui adoptent un système d'aménagement durable. En outre, l'éditeur attend de ses fournisseurs de papier qu'ils s'inscrivent dans une démarche de certification environnementale reconnue.

Imprimé en Allemagne par GGP Media GmbH, Poessneck,
en décembre 2012

ISBN : 978-2-501-08294-5
4123030/ 01

dépôt légal : janvier 2012